Introdu
à la culture japonaise

Collection

LIBELLES

Sous la direction de

FRANÇOIS JULLIEN

Hisayasu Nakagawa

Introduction à la culture japonaise

Essai d'anthropologie réciproque

PRESSES UNIVERSITAIRES DE FRANCE

ISBN 978-2-13-054952-9

Dépôt légal — 1re édition : 2005, mars
3e tirage : 2007, octobre

Sommaire

Préambule

Chaque nation a la fâcheuse tendance de croire que sa culture est la meilleure du monde, et, en tant qu'individu, il est difficile d'échapper à cette conviction confortable. Quand l'abbé Chappe d'Autroche, membre de l'Académie des sciences de Paris, publia son *Voyage de Sibérie* (1768), Catherine II de Russie réagit contre ce livre dans son *Antidote* (1770) et commente ainsi cette faiblesse humaine : « Je sais bien qu'on vous fait accroire que votre pays est le centre de la liberté, tandis qu'en effet vous êtes subjugué de corps, d'âme, de cœur et d'esprit. Toute votre nation se croit la plus libre qui soit dans l'univers, pourquoi cela ? C'est qu'on lui apprend à se persuader qu'elle l'est. Les orateurs, les prêtres, les moines et tous les suppôts du gouvernement ne cessent de vous bercer de cette chimère, comment résister à des témoignages aussi unanimes. » Cette critique de l'impératrice ne s'applique pas qu'aux Français, elle vaut pour tous les peuples de la terre.

D'autre part, dans tout pays, on est enclin à regarder les autres cultures à travers le prisme des idées préconçues et des préjugés. Ainsi, aujourd'hui encore, et même dans les grands journaux japonais, il n'est pas rare de trouver l'expression « aoi-mé », les « yeux bleus » pour désigner les

Occidentaux, comme si ces derniers avaient tous les yeux bleus ! Comme si cette particularité était un caractère commun à tous ! Je n'ai pour ma part que très peu d'amis français qui répondent à ce critère. Beaucoup ont les yeux de couleur foncée. Ce cliché me rappelle le temps de la fermeture du Japon pendant la période d'Édo, quand au XVIe siècle les Portugais étaient qualifiés de « barbares du Sud » et que plus tard, du XVIIe au XIXe siècle, on appelait les Hollandais les « cheveux rouges » – Rappelons qu'ils étaient les seuls étrangers admis à cette époque à commercer, de façon limitée, avec le Japon à partir de leur comptoir de Nagasaki. Un Japon désormais « ouvert » devrait être plus nuancé.

En ce qui me concerne, combien de fois n'ai-je pas été embarrassé lorsqu'un Français me demandait quelle était ma religion. Je peux répondre en toute sincérité que je suis bouddhiste, mais aussi shintoïste ou encore athée selon les critères européens. Si je m'exprime de la sorte, je ne satisferai sans doute pas l'attente de mon interlocuteur occidental, espérant une réponse précise. Un prêtre shintoïste pourrait même répondre tout à fait sérieusement à la question « Quelle est la doctrine shintoïste ? » : « Il n'y a pas de doctrine. » Il faut dire que, en dehors de quelques rares exceptions, le sentiment religieux au Japon s'exprime par l'accomplissement de rituels qui s'inscrivent dans la vie sociale de tout individu. Par conséquent, lorsque je me rends dans un temple, je suis bouddhiste puisque j'effectue les rituels bouddhistes, et si je vais dans un sanctuaire, je suis alors shintoïste. Mes interlocuteurs français, souvent seulement de passage au Japon, ne manquent pas d'en être perplexes et c'est pourquoi je reviendrai plus loin sur ce point. Quoi qu'il en soit, je suis un athée convaincu pour mes amis dix-huitiémistes français. Je pourrais donc me qualifier moi-même de ritualiste-athée.

C'est une évidence qu'après la défaite de la Seconde Guerre mondiale le Japon s'est américanisé et que nous en retrouvons la trace à tous les niveaux de la vie quotidienne. Par exemple, bon nombre de grands hôtels ont aménagé des chapelles à l'intérieur de leurs établissements, en général au même niveau que les salles de banquet. Ils peuvent ainsi offrir à leurs clients la possibilité de célébrer une cérémonie de mariage « à l'américaine ». Pour la jeune génération japonaise éduquée dans le moule ritualisé de l'ancienne génération, il est en effet de bon ton d'accomplir le rite chrétien, évocation de la culture américaine qui apporte indéniablement une impression de prestige. La jeune épouse porte une robe de mariée blanche et l'office est parfois célébré par un faux prêtre. Toute cette tendance a commencé avec l'occupation américaine immédiatement après la fin de la guerre.

Je me souviens d'avoir lu alors dans un journal cette déclaration du grand écrivain japonais Naoya Shiga : « La culture japonaise est la plus barbare du monde. De cette barbarie la langue est le premier symbole. Si nous voulons devenir meilleurs, nous devons adopter le français comme langue nationale. » Bien sûr, Naoya Shiga était encore sous le coup de la défaite japonaise. Pour lui et pour beaucoup de ses contemporains, cette défaite n'était pas seulement militaire mais représentait également l'échec de la civilisation japonaise. C'était le sentiment de supériorité culturelle qui avait conduit le Japon à la guerre. La prise de position de Naoya Shiga montre qu'il voulait en finir avec ce sentiment trop nationaliste. Mais cette déclaration, qui semblerait incroyable aujourd'hui, révèle cependant un état d'esprit qui était assez répandu après la Seconde Guerre mondiale. C'est peut-être pour cela qu'une minorité de jeunes Japonais, dont je faisais partie, se sont tournés vers la vieille Europe, en réaction à la fois à la jeune civilisation apportée par les soldats américains et à la présence colonisatrice des vainqueurs. Quoi qu'il en soit, comme depuis mon enfance j'avais résolu de devenir chercheur, mon but à l'époque était très clair : mon domaine de recherche serait européen. Arrivé à l'Université, je choisis d'étudier la littérature française, plus particulièrement celle du XVIIIe siècle. Adolescent, j'avais toujours ressenti une envie irrésistible de connaître ou de comprendre de quelle manière les intellectuels français avaient passé leur jeunesse à chercher à se libérer des vieilles contraintes traditionnelles, qu'elles soient d'ordre religieux ou idéologique. Je commençai par Voltaire, mais c'est finalement sur Diderot que mon choix se porta pour ma thèse de doctorat. Les philosophes et les libres penseurs convenaient à mon état d'esprit de l'époque et c'est toujours le cas aujourd'hui.

J'ai signalé d'une part l'égocentrisme et de l'autre le regard déformateur que chaque nation porte sur une autre. Comment sortir de ces deux pièges ? En ce qui me concerne, éduqué dans une famille très libérale, je n'ai jamais été nationaliste, même pendant la guerre. À l'âge de 27 ans, je partis pour la première fois en France où je fis un séjour de deux ans et quelques mois. Par la suite, je résidai au Japon pour poursuivre mes études et enseigner. Durant toutes ces années, j'eus maintes occasions de voyager ou de séjourner à l'étranger, essentiellement à Paris. Au cours de ces va-et-vient entre le Japon et la France et grâce à mes études sur les textes, j'ai peu à peu abandonné les grilles conceptuelles et sentimentales des Japonais ordinaires. Je ne risquais plus de me laisser abuser par les clichés. Si j'appliquai tout d'abord cette méthode à ma lecture des écrivains français, je retournai peu à peu le miroir pour observer de la même façon ma propre civilisation. Mon point de vue est donc une position médiane qui me permet d'un côté d'observer le Japon avec recul et d'un autre côté de considérer la France sans avoir recours aux clichés. Je perçois les deux pays sous un « double éclairage » japonais-français.

Tous les essais réunis dans ce recueil concernent la culture japonaise et ont été écrits en français au Japon. Ils sont soumis à une approche bien particulière, en ce sens que le Japon y est montré éclairé d'une source lumineuse venue de France qui vient compléter et enrichir l'éclairage nippon. L'originalité de ma démarche – si originalité il y a – est à entendre dans une tentative de lecture et d'explication nouvelles, sous ce « double éclairage », des phénomènes culturels japonais. Le lecteur français, à qui je m'adresse, pourra peut-être aborder le Japon comme une civilisation différente de la sienne et non plus seulement comme un pays aux mœurs exotiques et étranges.

Je tiens enfin à signaler que le dernier et le plus long de ces essais a d'abord été une conférence prononcée à la Maison franco-japonaise le 6 novembre 2000, à l'invitation du Pr François Jullien, et que tous les autres ont vu le jour grâce à Mme Judith Miller, entre 1990 et 1994, sous la forme de chroniques dans le magazine *L'Âne,* organe de publication du Champ freudien. Je leur suis reconnaissant à tous deux de m'avoir permis de réunir aujourd'hui tous ces textes en ce libelle.

Le monde plein et le monde vide

Un Français qui arrive à Londres trouve les choses bien changées en philosophie comme dans tout le reste. Il a laissé le monde plein : il le trouve vide. « À Paris, on voit l'univers composé de tourbillons de matière subtile ; à Londres, on ne voit rien de cela », écrivait, en partisan de Newton, un philosophe français au siècle des Lumières. Un philosophe de la fin du XXe siècle, s'embarquant pour le Japon dans un avion nippon, n'écrira-t-il pas exactement la même chose en changeant toutefois « Londres » en « Tôkyô » ou « Ôsaka », et les « tourbillons de matière subtile » en « tourbillons de sujets subtils » ?

Un jour où je prenais, à l'aéroport Charles-de-Gaulle, un avion de la JAL (Japan Airlines), une fois tous les voyageurs assis à leur place une voix féminine annonça, en français : « En raison d'une grève de la tour de contrôle de Londres, le départ est retardé. Nous vous prions de bien vouloir patienter. » Puis cette voix lança le même message en anglais. Enfin, une autre voix féminine donna cette information en japonais, mais formulée en des termes différents et précédée d'une phrase qui ne figurait ni dans le message français ni dans le communiqué anglais. Cette phrase est la suivante : « *Minasama* (Mesdames, Mesdemoiselles et Messieurs), *otsukare no tokoro* (étant donné que vous êtes fatigués), *makoto ni* (vraiment), *môshiwake* (d'excuses), *gozaimasen* (il n'y a pas) », à traduire par : « C'est vraiment inexcusable d'annoncer la chose suivante. » Certes, quelques personnes pouvaient être fatiguées avant le décollage, mais, n'en déplaise à la jeune hôtesse japonaise, la plupart des voyageurs ne l'étaient pas, ni moi non plus. À quoi succédèrent les informations déjà données en français et en anglais, à nouveau complétées, pour terminer, par la même voix douce, d'un *Makoto ni môshiwake gozaimasen,* « de sincères excuses ».

En voulant machinalement traduire mot à mot ce propos japonais en français, je me suis trouvé dans l'embarras. Qui présente ses excuses, en prenant si aimablement soin de notre fatigue hypothétique ? Le préambule à l'information en japonais ne comporte aucun sujet de l'énoncé et l'énonciatrice ne fait que transmettre l'attention d'on ne sait qui. Il s'agit, contestera-t-on, de la conscience ou de la responsabilité collective du personnel des compagnies aériennes internationales, dont fait partie la JAL, et dont les vols, comme tous ceux qui prennent leur départ de l'aéroport Charles-de-Gaulle, sont contrôlés par la tour de contrôle de Londres.

Soit. Mais alors, pourquoi la voix japonaise, seule, s'identifie-t-elle à la direction de la tour de contrôle de Londres et non la voix française ni la voix anglaise, alors que toutes ces voix s'expriment au nom de la même JAL ? D'où vient, dans le monde de la « japonophonie », cet acte d'identification à un sujet non précisé ? Qui nous guette et prend soin de nous une fois que nous sommes montés dans l'avion nippon ? En quittant un monde plein de « tourbillons de sujets subtils », d'individus cartésiens, on se trouve déjà, à bord de la JAL, dans un autre monde vide de sujets. Immergés dans cet espace vide de sujets, et pourtant plein de bonne volonté, les japonais se sentent immédiatement chez eux, soulagés de retrouver un environnement familier.

À Paris, la bonne volonté japonaise n'existe pas. Par exemple, quand j'étais professeur dans une université de Paris, j'avais parfois besoin de prendre contact avec un responsable du secrétariat. Le secrétariat de cette université est comme un nid d'abeilles, dont les bureaux sont indépendants les uns des autres. Quand je téléphonais à ce monsieur, il était souvent absent. Il était secondé par une secrétaire, qui, quand il était absent, était, elle aussi, sortie. Pour m'informer de l'heure de son retour, je téléphonais à d'autres personnes, qui me répondaient toujours : « Je ne sais pas. »

Au contraire, à l'université japonaise où je travaille actuellement, le secrétariat de la Faculté des lettres est installé dans une grande pièce où travaillent une vingtaine de personnes. Si quelqu'un demande des renseignements sur le concours d'entrée à la Faculté et que la personne responsable est sortie, il y aura toujours quelqu'un, soit du service du personnel, soit du service du budget, pour répondre à sa place, ou dire au moins à quelle heure il sera possible de prendre contact avec la personne demandée. Le secrétariat réagira donc comme un animal unicellulaire qui n'a qu'une seule volonté, alors qu'en France son homologue se comporte comme un agrégat de plusieurs animaux dotés, chacun, d'une volonté distincte. La différence entre ces deux secrétariats se retrouve à divers niveaux de chacune des deux sociétés.

Cette organisation unicellulaire japonaise, dont chaque partie réagit aux stimuli extérieurs et au nom de l'organisation totale, veille jalousement à conserver l'égalité de toutes les parties. On peut y reconnaître en somme l'égalitarisme et la démocratie japonaise, où règne l'uniformité. Tous les Japonais sont très sensibles à ce climat uniformisateur et à sa merveilleuse capacité d'identification ; ils sont prêts à s'y adapter immédiatement. Cependant, dans un tel climat, il ne sera guère apprécié qu'un individu s'affirme indépendant de la totalité, laquelle montrera parfois de l'animosité pour celui qui se distingue.

On peut pourtant lire dans les journaux japonais l'éloge de chercheurs nippons parvenus à d'excellents résultats à l'étranger (en particulier des prix Nobel) et voir les journalistes parler avec fierté de la conquête japonaise. De fait, pourtant, ce phénomène ne fait que traduire la défaite japonaise puisque ces chercheurs ne pouvaient développer leur talent dans la société japonaise, dont l'égalitarisme uniformisateur exclut toute forme d'originalité.

Le philosophe français des Lumières que je citais critique la culture française en l'opposant à la culture anglaise qui réalise la philosophie des Lumières. Pour un philosophe japonais de la fin du XXe siècle, la critique est plus difficile, puisque ce qui fait l'avantage d'une culture est en même temps son principal défaut. Aussi Voltaire était-il un philosophe au visage serein, alors que le philosophe japonais d'aujourd'hui montre un visage pessimiste.

Traduire l'identité

Il y a quelques années à Paris, dans un petit théâtre tout près de l'Opéra, j'ai été bouleversé par la représentation du *Rêve de d'Alembert* de Diderot. L'adaptation théâtrale avait été réalisée par Jacques Kraemer en collaboration avec Jean Deloche. J'avais lu pour la première fois, à l'âge de18 ans, ce dialogue du philosophe dans sa traduction japonaise. Puis, à 20 ans, j'en avais lu le texte original. Depuis lors, je l'avais relu plusieurs fois. Or, voilà qu'à l'âge de 53 ans je découvris tout à coup que je m'étais jusqu'à ce moment-là mépris sur le sens à donner au texte. Malgré mes lectures répétées de l'œuvre de Diderot, la grille conceptuelle que j'avais formée inconsciemment à la lecture de la traduction japonaise avait continué de censurer mes impressions.

J'étais bouleversé, mais en même temps enthousiasmé par cette découverte. Dans la petite salle du théâtre, on voyait sur la scène l'appartement de Mademoiselle de Lespinasse. Voilà le célèbre mathématicien d'Alembert, malade, somnolant, la maîtresse de maison à son chevet, et le Dr Bordeu qu'elle a fait venir pour examiner d'Alembert. Mlle de Lespinasse, étonnée et inquiète à la fois des phrases extravagantes prononcées par son ami en délire, les écrit puis rend compte de ces notes au médecin. En premier lieu, le malade rêvait qu'un essaim d'abeilles se transformait en un seul animal, par la fusion des pattes grâce auxquelles les abeilles se tenaient fixées les unes aux autres. En second lieu, une toile d'araignée avec un petit insecte pris dans la toile se changeait, dans le délire onirique, en un système nerveux coordonné avec le cerveau d'un être humain.

Tout en racontant le premier rêve du mathématicien au docteur, la jeune femme tend sa main les doigts écartés. Le jeune homme lui prend la main, imbriquant ses doigts dans les siens. Les deux personnages s'approchent au point que leurs lèvres manquent de s'embrasser, mais la jeune femme se détache du docteur comme pour l'impatienter. Quelques instants plus tard, rapportant l'histoire de l'araignée qui tire vers elle l'insecte prisonnier dans sa toile, Mlle de Lespinasse attire le bras de Bordeu vers elle. Lui, la regardant intensément, se penche vers elle.

Ainsi, l'action se situe sur deux niveaux. Au niveau du discours sont présentés, en fonction d'analogies, un nouveau modèle d'être vivant et un nouveau modèle du système nerveux de l'homme : deux modèles que d'Alembert propose dans son rêve. Au niveau gestuel, se développe une scène de séduction mutuelle ou de flirt.

Ayant toujours interprété *Le Rêve de d'Alembert* à travers la grille déformée de la traduction japonaise, je n'avais jamais pu accéder au deuxième niveau de lecture. Non que la traduction japonaise fût mauvaise, loin de là. Cette traduction est admise au rang des très bonnes traductions, selon les critères japonais. Toutefois, elle constitue un piège dans lequel je n'avais pas pu éviter de tomber. Ainsi, dans la langue française, étant chacune un sujet indépendant et atomistique, les personnes évoluent dans une sorte d'espace newtonien – à savoir, dans l'espace absolu et vide. D'où cette identité abstraite de tous les sujets, transcendante à la situation.

Par contre, dans la langue japonaise, cette identité ne peut exister, du fait même que l'espace pour ainsi dire n'est que le réseau social subtilement hiérarchisé de toutes les personnes. Sans ce réseau, pas de japonais. Dans la traduction japonaise du *Rêve de d'Alembert,* tous les personnages sont donc situés dans un réseau social strictement déterminé. Ce réseau résulte d'un choix tantôt instinctif tantôt réfléchi du traducteur, mais une fois choisi, il pèse sur toute la traduction. Aussi le lecteur de la traduction japonaise perçoit-il le Dr Bordeu comme un homme de 55 à 60 ans et Mlle de Lespinasse comme une jeune femme de 25 à 35 ans, alors que dans le texte original, rien n'indique leur âge. Le docteur se présente comme un vieux monsieur aimable, détaché de l'intérêt pour le beau sexe et encore moins libertin. La jeune femme, quant à elle, se montre pleine de curiosité intellectuelle, mais naïve et réservée.

Dans le texte français, en revanche, les personnages sont en dehors de cette détermination japonaise. Par exemple, écoutons Mlle de Lespinasse faire son rapport sur l'état du malade : « Mlle de Lespinasse, où êtes-vous ?, interroge d'Alembert – Me voilà. Alors son visage s'est coloré. J'ai voulu lui tâter le pouls, mais je ne sais où il avait caché sa main. Il paraissait éprouver une convulsion ; sa bouche s'était entrouverte, son haleine était pressée ; il a poussé un profond soupir, et puis un soupir plus faible et plus profond encore ; il a retourné sa tête sur son oreiller et s'est endormi. » On voit ici d'Alembert se livrer à un acte sexuel solitaire. Ensuite le mathématicien, toujours en somnolant, murmure une vision relevant de la technologie de pointe, qu'on pourrait nommer l'insémination artificielle, discours très révélateur après cet acte. Mlle de Lespinasse dit, candidement : « J'avais espéré que le reste de la nuit sera tranquille », et Bordeu de répondre : « Cela produit ordinairement cet effet. »

Or le traducteur japonais, bien que francisant consciencieux, est lui-même tombé dans le piège de la langue japonaise, puisqu'il ne pouvait pas comprendre l'importance du mot « cela ». Comme je l'ai dit, dans la langue japonaise, ce qui est donné est la relation sociale strictement définie entre les personnages. Dans notre cas, les âges de Mlle de Lespinasse et du Dr Bordeu, les caractères donnés à ces deux personnages et la distance qui sépare un vieux médecin dont la profession a une valeur de respectabilité sacrée et une jeune dame qui le regarde avec le respect qui lui est dû, ces conditions interdisent d'imaginer toute allusion sexuelle dans leur discours ou leurs gestes.

La scène que je voyais dans la salle du théâtre parisien était tout à fait différente de celle que j'imaginais à la lecture de la traduction japonaise, qui occulte la relation érotique des deux personnages. Ma réflexion m'a amené à découvrir tout d'un coup le thème non dit, quasiment obsessionnel, du *Rêve de d'Alembert*. Dans un article intitulé « Le thème non dit de la trilogie du *Rêve de d'Alembert* »[1], je montre comment j'ai relu cette œuvre du point de vue de ce thème, qui est celui de la procréation. On voit que le

1. *Le Siècle de Voltaire. Hommage à René Pomeau,* The Voltaire Foundation, 1987, t. II, p. 693-700.

défaut de la traduction a rendu possible une lecture qui traverse la scène de théâtre et atteint à l'universalité. Ainsi, dans le contexte linguistique de deux cultures différentes, il y a toujours ce genre de méprise puisqu'il faut inévitablement déformer le contexte d'une langue pour le transposer dans un système linguistique complètement différent. Mais, dès qu'on prend conscience de cette déformation, on est amené à une découverte qui ouvre de nouveaux horizons : horizons qui resteraient peut-être inconnus aux lecteurs dont la langue maternelle est celle du texte original et qui n'ont pas le miroir des traductions : miroir qui, par ses déformations, réfléchit une nouvelle lecture.

Lococentrisme

Pour les Européens, le « je » est une entité *a priori* qui transcende toutes les circonstances : tout commence par « je », même si, comme le dit Pascal, « le moi est haïssable ». Dans la langue japonaise, il n'en est pas ainsi : ce qui conduit Augustin Berque à écrire à ce sujet, dans *Vivre l'espace au Japon* (PUF, 1982) : « La première personne, c'est-à-dire le sujet existentiel, n'existe pas en elle-même mais en tant qu'élément du rapport contingent qui s'instaure dans une scène donnée. »

Pour m'expliquer un peu plus concrètement, je prendrai l'exemple suivant. Supposez qu'un enfant soit effrayé par un grand chien. Pour le rassurer, je m'approcherai de lui et lui dirai, en français : « N'aie pas peur, ne pleure pas, *je* suis avec toi. » Mais, en japonais, je lui dirai, si je traduis littéralement : « N'aie pas peur, ne pleure pas, *ton petit père* est avec toi », en me qualifiant à son endroit comme *ton petit père* (*ojisan,* en japonais). Le « je » est défini, en fonction de la circonstance, par sa relation à l'autre : sa validité est occasionnelle, au contraire de ce qui se pratique dans les langues européennes, où l'identité s'affirme indépendamment de la situation.

Pour préciser, Augustin Berque cite une formule du linguiste japonais Takao Suzuki : « Le moi des Japonais se trouve dans un état d'indéfinition, pour ainsi dire par manque de coordonnées, tant qu'un objet particulier, un partenaire concret n'a point paru et que le locuteur n'en a pas déterminé la nature exacte. » En privilégiant, pour la mettre en avant, cette caractéristique, Augustin Berque relève qu'Alexis Rygaloff définit le japonais, à l'instar du chinois d'ailleurs, comme une langue « lococentrique »[1].

D'autres aspects de la culture japonaise confirment ce lococentrisme : notamment la manière de penser et de décrire les choses. Masao Maruyama, spécialiste de l'histoire des idées politiques au Japon, a consacré un article, intitulé « La couche archaïque de la conscience historique des Japonais », à l'examen de ce problème, en l'éclairant sous un autre angle. Cet article introduit un recueil d'extraits de livres d'histoire du Japon (*Idées historiques,* éd. Chikuma-shobô, 1972), depuis *Kojiki (Chronique des choses anciennes)* et *Nihonshoki (Chronique du Japon)* – les plus anciens ouvrages traitant de la généalogie impériale, datant du tout début du VIIIe siècle – jusqu'aux travaux parus à la fin de l'époque d'Édo, immédiatement avant la modernisation du Japon à l'ère Meiji, qui commence en 1868. Masao Maruyama a depuis repris ce point de vue dans un autre article, « Prototype, couche archaïque et basse obstinée : mes approches de l'histoire des idées japonaises », paru en 1984 dans *Les formes cachées de la culture japonaise* (Tokyo, éd. Iwanami-shoten).

Ce que Maruyama appelle « la couche archaïque de la conscience historique » a deux sens. Il s'agit en premier lieu de la conscience historique telle qu'elle se révèle dans la

1. Alexis Rygaloff, « Existence, possession, présence », *Cahiers de linguistique d'Asie orientale,* I, 1977.

description de la genèse mythologique de la race japonaise racontée dans les deux livres suscités ; en second lieu, de la permanence de cette même forme de conscience à travers les siècles et malgré les péripéties de l'histoire, jusqu'à la fin de l'époque d'Édo comme *basse obstinée* de l'interprétation de l'histoire chez les Japonais.

Maruyama a examiné de façon analytique et minutieuse comment étaient expliqués les événements historiques par les historiens japonais. Selon l'interprétation des historiens européens, ce sont les individus qui prennent l'initiative d'intervenir dans le cours de l'histoire. Imprégnés de la tradition du judéo-christianisme, ils conçoivent cette intervention pour ainsi dire sur le modèle de l'action d'Élohim, du Dieu qui « créa les cieux et la terre » et qui dit : « Que la lumière soit ! » Un événement est donc la résultante d'une volonté.

Or, selon l'analyse de Maruyama, aucun fait historique au Japon ne s'explique comme le produit de volontés individuelles ; l'histoire est interprétée en principe comme si (a) toutes les choses se formaient par elles-mêmes (b) successivement (c) avec force. Or il ne tient qu'à chaque historien de mettre l'accent sur l'un de ces trois facteurs de la formule précédente – à savoir, sur (a) *(La formation spontanée des événements)*, sur (b) *(La succession des événements)* ou bien sur (c) *(La force avec laquelle les événements se forment avec spontanéité)*. Quand un historien japonais était obligé d'expliquer la cause d'un fait historique, il avait toujours recours à cette formule. Malheureusement l'analyse de Maruyama ne s'étend que jusqu'à la fin de l'époque d'Édo.

Toutefois je voudrais signaler que cette *basse obstinée* de la conscience historique chez les Japonais a persisté jusqu'à aujourd'hui ; témoin en est la déclaration de guerre aux pays alliés, les États-Unis en tête, que l'empereur a prononcée le 8 décembre 1941. Elle commence par la phrase suivante : « Moi, l'empereur du grand empire du Japon qui conserve toujours la faveur des grâces du ciel et qui prend sa place dans une lignée impériale ininterrompue depuis mille générations, m'adresse à vous, mon peuple, assurément fidèle et courageux : moi, je déclare ici la guerre aux États-Unis d'Amérique et au Royaume-Uni. »

Jusqu'ici, à part l'introduction un peu trop mythique, c'est l'empereur en tant qu'individu qui déclare la guerre. Toutefois, ce qui nous intéresse, c'est la raison pour laquelle l'empereur promulgue cette ordonnance. En effet, au milieu de cette déclaration, l'empereur déclare : « On est arrivé malheureusement au point où la guerre éclata contre les États-Unis d'Amérique et le Royaume-Uni par une nécessité qui ne pouvait être autrement. Était-ce de ma volonté ? »

On retrouve toujours la même notion-clé : « La formation spontanée d'un fait historique. » En effet, l'expression de l'empereur : « Par une nécessité qui ne pouvait être autrement » est une expression un peu soutenue de la notion explicitée par Maruyama. Les Français et les Européens interpréteront cette conception que « toutes choses se forment successivement avec force » comme le signe d'un fatalisme japonais.

Toutefois, toujours selon Maruyama, ce fatalisme a deux versants : son versant optimiste et son versant pessimiste. Les historiens japonais se servaient de cette conception en mettant l'accent selon leur gré sur l'un ou sur l'autre. Ce qu'il faut remarquer ici, c'est que Maruyama a mis en évidence le caractère de « présence » – *nunc stans* – de cette force.

Ainsi, dans la conscience quotidienne des Japonais, ce *nunc stans* n'est jamais distingué de la situation. C'est pourquoi l'expression « la force du *temps* » était un synonyme de « la grande force sur la *terre* ». La durée du temps est ainsi absorbée dans ce *lieu* même. Ce qui est là, et qui y domine tout, est cette force du *lieu*.

À la fin du mois d'avril, j'ai par hasard vu à la télévision japonaise l'interview d'un écrivain-traducteur australien, né aux États-Unis, qui a vécu plus de dix ans au Japon et qui a traduit de nombreux romans modernes japonais en anglais. Le présentateur lui a demandé : « À votre avis, quelle est la caractéristique de la langue japonaise ? » Il a répondu : « Comparé à l'anglais, le japonais est quelquefois un peu trop raisonneur. » Il a donné l'exemple suivant : dans une salle de cinéma au Japon, on a annoncé : « Voudriez-vous vous abstenir de fumer puisque vos voisins en seraient indisposés ! » ; selon lui, la première partie de l'annonce suffisait, la raison qui en est donnée est superflue et trop raisonneuse.

Or la dernière partie de l'énoncé est nécessaire au Japon. Faute de cette explication, l'interdiction relèverait de la responsabilité de celui qui l'énonce. En ajoutant la deuxième partie, l'énonciateur persuade l'assistance que ce n'est pas sa volonté mais la situation, sa force inévitable qui impose l'interdiction de fumer. Ici encore se perçoit donc le lococentrisme.

Tous ceux qu'intéresse la culture japonaise se trouvent obligés de réfléchir sur le lococentrisme sous quelque forme qu'il apparaisse. Ainsi, les deux philosophes japonais les plus représentatifs du XXe siècle, Kitarô Nishida et Tetsurô Watsuji, ont travaillé sur le problème du *lieu*. Quand ils ont pris contact avec la philosophie de Heidegger, en particulier avec *Être et Temps,* ils ont pris conscience de l'importance de la condition opposée du *temps :* le *lieu,* qui est aussi une autre condition *sine qua non* de l'existence humaine. S'ils ont été si sensibles à cette notion du *lieu,* plus ou moins négligée dans la philosophie occidentale du XXe siècle, c'est sans doute en raison de leur profond enracinement dans la culture du Japon, pays lococentrique.

Du partage religieux

Au Japon, on peut être à la fois bouddhiste et shintoïste, ce qui est choquant pour qui est habitué à des religions dont le dogme essentiel requiert l'unicité de la foi. Cette double appartenance s'explique d'abord historiquement. Aussi me permettrai-je d'évoquer quelques souvenirs.

Tout commence au Japon avec le culte des morts. Depuis Meiji (1868), la loi enjoint d'incinérer tous les corps dans des crématoires officiels. On recueille ensuite les restes pour les déposer dans une urne qu'on enterrera sous une pierre tombale. Mon père avait exprimé sa volonté de partager ses restes, en en faisant enterrer une moitié dans le caveau de Tôkyô qu'avait fait construire son grand-père, et l'autre à Takéta, une ville du Kyûshû, l'île la plus au sud de l'archipel, où la famille s'était vue assignée une résidence par les gouvernants de l'époque en 1594.

L'émigration de mon arrière-grand-père était la cause de cet étrange partage. Jusqu'en 1871, et depuis trois cents ans, ma famille vivait à Takéta. Là se trouvait le cimetière familial, dans l'enceinte d'un temple bouddhiste de la secte zen qu'un de mes ancêtres avait fait construire en 1597. Ce très beau site, classé monument historique, en contrebas du château fort familial dont il ne reste que des ruines, est aujourd'hui un lieu très touristique.

Contraint encore une fois de quitter sa région natale – le nouveau gouvernement craignait en effet d'éventuelles révoltes féodales –, mon arrière-grand-père fit édifier un nouveau caveau à Tôkyô. Comme entre-temps la religion officielle avait changé, le shintoïsme du nouveau gouvernement issu du changement de Meiji et constitué sous l'autorité directe de l'empereur s'étant substitué au bouddhisme des Tokugawa, l'Ancien Régime shogunal, ce nouveau rite fut consacré selon les règles du shintoïsme. Attaché à l'un comme à l'autre, mon père, comme l'aurait fait n'importe quel Japonais, voulut demeurer en ces deux endroits après sa mort. Voilà pourquoi, aujourd'hui, il est honoré ici d'une cérémonie bouddhique et reçoit là un service commémoratif shintoïste. Il est donc, comme il l'était déjà de son vivant, à la fois bouddhiste et shintoïste.

Cérémonies bouddhistes et services shintoïstes ne coïncident d'ailleurs pas : les unes s'étalent sur cinquante ans, lors des premier, troisième, cinquième, dixième, trentième et cinquantième anniversaires du décès ; les autres se tiennent les premier, troisième, septième, treizième et trente-cinquième anniversaires.

Le service shintoïste se déroule ainsi : un prêtre en grande robe blanche et mitre noire, après avoir pratiqué un rite purificatoire – il agite au-dessus de l'assistance inclinée des rameaux de *sakaki,* un arbre sacré à feuillage persistant –, prononce une prière. En face des fidèles trône une planchette rectangulaire de bois blanc où sont inscrits le nom et le post-nom (l'équivalent du prénom français), suivis de la formule *no mikoto* qui signifie « dieu de... » ou « dieu qui s'appelle... », ainsi que l'exige la tradition shintoïste qui déifie tous les morts. La planchette est déposée sur le petit autel de bois dressé pour l'occasion devant la pierre tombale ; on y offre du sake, du riz, du sel, de l'eau, des fruits de mer, des poissons séchés, des algues, des légumes. La prière achevée, chacun défile devant l'autel et offre une branche de *sakaki,* symbole cette fois de son âme, puis joint les mains et les claque trois fois. Ce geste est un appel invitant le défunt, maintenant aux séjours bienheureux du shintoïsme, à revenir dans l'âme de chacun, c'est-à-dire à reformer l'unité du groupe familial. Bien sûr, personne n'y croit vraiment, mais ce mythe rassurant rappelle au souvenir de chacun les moments de joie qu'il a pu vivre avec le défunt.

La cérémonie de Takéta est très différente : les bonzes de service, dans un habit dont la somptuosité n'a rien à envier à celle de leurs homologues catholiques, commencent la récitation des soûtras. Il est à remarquer que, dans le cas de mon père, les bonzes venaient de neuf temples différents dont chacun avait eu une relation historique avec l'un de ses ancêtres, et que ces neuf temples appartenaient à des sectes différentes. Imagine-t-on en Europe une cérémonie être à ce point œcuménique qu'elle réunisse des prêtres, des pasteurs, calvinistes, luthériens ou anglicans, des popes, etc. ? Aucun bonze cependant ne s'offusque de ce mélange.

Un autel dressé devant le tombeau reçoit une plaque dorée où est écrit en caractères noirs le nom funéraire que le bonze aura donné au défunt : celui de mon père est « grand seigneur comme la montagne ensoleillée du Sud, grand bouddhiste laïque ». Ainsi, mon père, dieu dans le shintoïsme, n'est ici qu'un bouddhiste laïque. La récitation se poursuit sourdement rythmée par les coups d'un grand chaudron de cuivre, les soûtras faisant mélopée. Ceux-ci sont les traductions chinoises des textes sanscrits mais prononcées à la japonaise. L'un des soûtras les plus utilisés, le

« Soûtra de la perfection de sagesse », dit les paroles qu'adresse à son disciple Sâriputra le maître parvenu au faîte de la sagesse : « Dans ce monde, ô Sâriputra, toutes les choses ont la caractéristique du vide, elles n'ont ni commencement ni fin, elles sont sans défaut et ne sont pas sans défaut, elles ne sont pas imparfaites et ne sont pas parfaites. Par conséquent, ô Sâriputra, dans ce vide, il n'existe ni forme, ni perfection, ni nom, ni concept, ni connaissance. Ni œil, ni oreille, ni nez, ni langue, ni corps, ni cœur. Ni forme, ni son, ni odorat, ni goût, ni toucher, ni objet. »

C'est ainsi que le sage omniscient initie son disciple à la véritable sagesse : « Il n'y a ni savoir, ni ignorance, ni destruction du savoir, ni destruction de l'ignorance... Il n'y a ni déclin, ni mort, ni destruction du déclin, ni de la mort... » Le soûtra se termine par une prière : « Arrivé là, arrivé au-delà, arrivé parfaitement au-delà, vraie sagesse. »

Dans l'article intitulé « La philosophie des Japonais », publié en 1762 dans le tome XIII de l'*Encyclopédie,* Diderot avait déjà expliqué très exactement les religions des Japonais au XVIIIe siècle. Selon lui, après l'interdiction par le gouvernement du christianisme qui avait commencé à se répandre depuis l'arrivée de saint François-Xavier au Japon en 1549, il ne restait que trois religions : le shintoïsme, le bouddhisme et le confucianisme. Diderot ne voit dans les deux premières que des formes de superstition : le premier, « le culte le plus ancien du Japon », est un tissu de mythes ; le second, qui prêche que « tout n'est rien » et que « c'est de ce rien que tout dépend », est pures « folies ». Il épargne le seul confucianisme qui, de n'admettre ni transcendance ni au-delà, définit une morale pratique et non à proprement parler une religion. Aussi lui trouve-t-il des ressemblances avec la philosophie des Lumières.

Les premiers missionnaires arrivés au Japon étaient autrement irrités par l'attitude des Japonais, bouddhistes ou shintoïstes, qui ne voulaient admettre ni divinité transcendante ni créateur du monde. Deux ans après leur arrivée au Japon, en 1551, des missionnaires portugais ont tenu un grand débat théologique avec des prêtres bouddhistes. En 1580, les Jésuites fondèrent à Kyûshû un collège de théologie et le christianisme commença à s'enraciner.

En 1605, un Japonais catholique publia un livre très intéressant intitulé *Le Dialogue entre Yûteï et Myôshû,* où il voulait s'inscrire en faux contre les deux religions japonaises. Dans la deuxième partie de ce livre, l'interlocutrice Yûteï, chrétienne convaincue, dit, à son amie Myôshû : « Le principe fondamental du bouddhisme est le vide et le Bouddha est aussi le vide. L'essentiel du shintoïsme consiste en deux principes : *In* (principe négatif) et *Yo* (principe positif). Dieu signifie ces deux principes *In* et *Yo*. Aussi le vide n'est-il en réalité que le rien, qui n'existe pas, et ce qu'on appelle le Bouddha n'a rien de respectable : il n'est pas le créateur, il est quelque chose de vraiment insignifiant. Les deux principes *In* et *Yo* sont appelés dans la religion chrétienne *materia prima,* et cette matière première a été créée comme l'étoffe de toutes les choses par le Dieu de notre religion. C'est ainsi que cette matière n'a point de cœur ni de sagesse. C'est donc une superstition que d'appeler cette matière Dieu et de la respecter comme le créateur du monde. »

C'est ainsi que les chrétiens réfutèrent le shintoïsme et le bouddhisme, en s'attaquant à leur principe d'immanence. Dans *Le Dialogue entre Yûteï et Myôshû,* l'interlocutrice chrétienne poursuit son explication : « Prenons par exemple cette maison qui a des couleurs et des formes ; elle existe depuis on ne sait quand ; cependant cette maison a eu une origine, et l'origine elle-même n'a pu se produire par elle-même ; il est donc évident que cette origine a eu lieu par l'entremise d'un charpentier. Si l'on dit qu'il existe une origine à cette maison mais que cette origine se produisit tout naturellement par elle-même et sans auteur, ou bien si l'on dit qu'au commencement de cette maison, des bois et des bambous se réunirent par eux-mêmes, peut-on croire cette affirmation ? »

Comme nous pouvons le voir très clairement, ici s'affronte le principe de transcendance européen et le principe d'immanence asiatique. Cette confrontation se retrouve un siècle plus tard dans un livre de Hakuseki Araï, rédigé en 1710 et intitulé : *Informations sur l'Occident.* Araï était un haut fonctionnaire du gouvernement central des Tokugawa, à l'époque de la fermeture du Japon. En 1709, un missionnaire italien, un certain Sidotti, entré en cachette au Japon, fut arrêté et conduit à Édo (l'actuelle Tôkyô) pour y être emprisonné. Araï était chargé de l'interroger par l'intermédiaire d'interprètes japonais qui parlaient seulement le hollandais et quelques éléments de latin. Ce qu'il y a d'étonnant, c'est que, malgré l'obstacle linguistique, Araï parvint à saisir l'histoire et la géographie du monde ainsi que les grandes lignes du christianisme. Toutes les connaissances tirées de cet interrogatoire furent couchées dans le livre, *Informations sur l'Occident.*

Celui-ci est composé de trois parties : la troisième présente, puis critique le christianisme. On retrouve la même argumentation pour et contre, mais, cette fois, la philosophie d'immanence réfute l'idée judéo-chrétienne de transcendance : « Selon l'explication de l'Européen (Sidotti), ce qu'on appelle *Deus* dans sa langue signifie le maître de création, ou celui qui a créé le premier toutes les choses du monde. Il affirme que toutes les choses du monde ne peuvent se faire par elles-mêmes et qu'il y a nécessairement un être qui les créa. Mais si cette affirmation est vraie, par quel créateur *Deus* est-il arrivé à l'existence, avant que le ciel et la terre n'existent. Si *Deus* peut se produire par lui-même, pourquoi le ciel et la terre ne peuvent-ils en faire autant ? »

L'argumentation d'Araï rappelle celle des philosophes européens des Lumières. Diderot, en effet, dans sa *Lettre sur les aveugles* (1749), fait dire à son héros, le mathématicien anglais Saunderson, un aveugle, dans le débat qui l'oppose au pasteur Holmes, qu'admettre le créateur n'est qu'une superstition pareille à celle des Indiens : « Si la nature nous offre un nœud difficile à délier, laissons-le pour ce qu'il est, et n'employons pas à le couper la main d'un Être qui devient ensuite pour nous un nouveau nœud plus indissoluble que le premier. Demandez à un Indien pourquoi le monde reste suspendu dans les airs, il vous répondra qu'il est porté sur le dos d'un éléphant ; et l'éléphant sur quoi l'appuiera-t-il ? sur une tortue ; et la tortue, qui la soutiendra ?... Cet Indien vous fait pitié ; et l'on pourrait vous dire comme à lui : M. Holmes, mon ami, confessez d'abord votre ignorance, et faites-moi grâce de l'éléphant et de la tortue. »

La plupart des intellectuels japonais d'aujourd'hui seraient sans doute d'accord avec Saunderson pour dire qu'il vaut mieux ne pas admettre une supposition qui a besoin d'une autre et se décider pour le rasoir d'Occam, ou l'explication immanente. Ils pratiquent cependant les cultes du shintoïsme et du bouddhisme sans avoir conscience d'aucune contradiction ; le shintoïsme est un mythe consolant qui permet d'entrer en communion avec les morts, et le bouddhisme, une doctrine qui les délivre d'un attachement parfois un peu trop tenace aux valeurs matérielles.

Il ne serait toutefois pas exact de réduire cette attitude à une simple indifférence ou à un très conformiste respect de la tradition. Témoin Hakuseki Araï que j'ai mentionné précédemment ; grand confucianiste, Araï, qui était bouddhiste et shintoïste à la fois, n'a jamais cessé de croire aux valeurs universelles auxquelles il consacra toute sa vie, son œuvre comme son action. Quand il fut destitué de son poste de conseiller du prince, il écrivit, dans une lettre à un ami : « Il n'y a plus qu'à confier mes écrits aux générations futures pour qu'ils puissent être discutés avec impartialité un siècle ou deux après ma mort... Je ne travaille maintenant que pour être apprécié dans un avenir lointain. » Bouddhiste et shintoïste à la fois, il sut conserver son intégrité humaine. Et Araï n'est pas une exception au Japon.

La vérité sans sujet

Il y a déjà dix ans, a été traduit en français un livre intitulé *Le jeu de l'indulgence,* écrit en 1971 par le psychanalyste japonais Takéo Doï, qui a ensuite publié, en 1985, une analyse des mentalités japonaises, intitulée *L'endroit et l'envers.* On trouve curieusement un peu partout des tournures idiomatiques que la traduction française ignore. Ainsi, celle-ci dit : (1) « Je peux affirmer avec justesse que la figure et le cœur se trouvent dans une relation de correspondance qui, pour être variable, n'en existe pas moins toujours. »

On comprend immédiatement le sens de cette affirmation, toutefois la phrase japonaise n'est point construite si directement. Si je la traduis littéralement, j'obtiens : (2) « (Cela) est qu'il est bon de dire qu'il n'y a pas d'erreur quant au seul point que la figure et le cœur se trouvent dans une relation de correspondance qui, pour être variable, n'en existe pas moins toujours. » (À noter que dans le texte japonais « Cela » n'est pas exprimé.)

D'où vient la différence entre les propositions (1) et (2) ? La seconde suit les coordonnées de la langue japonaise tandis que la première est obtenue par une translation de coordonnées entre les deux systèmes linguistiques.

Quand on traduit une langue dans une autre, il est de règle de transformer les coordonnées de la langue de départ en celles de la langue d'arrivée. On peut ainsi conserver ce qu'il y a de commun, ou de commensurable, entre les deux : mais on perd nécessairement ce qui est propre à la langue ou à la culture de départ.

Dans les deux propositions précédentes, la teneur logique : « La figure et le cœur se trouvent dans une relation de correspondance qui, pour être variable, n'en existe pas moins toujours » reste la même. Seule la première partie de la proposition (2) diffère : « (Cela) est qu'il est bon de dire qu'il n'y a pas d'erreur quant au seul point... »

Quiconque s'intéresse à la langue ou à la culture japonaises se demandera pourquoi l'auteur se sent obligé de s'exprimer ainsi. Pour ne pas être trop réducteur, je citerai un autre exemple, extrait du dernier article du philosophe Kitarô Nishida (1870-1945) qui, selon le *Dictionnaire des philosophes* (PUF), fut « le premier philosophe original de l'époque moderne du Japon ».

Voici en français courant la traduction d'un paragraphe de son article intitulé « Logique du lieu et de la vision religieuse du monde » : (1) « Si une confession est véridique, il y aura nécessairement dans cette confession un sentiment de honte. Et c'est par rapport à autrui que ce sentiment sera éprouvé. Sur le plan moral, se confesser signifie éprouver de la honte devant le soi objectif – à savoir, devant la moralité de soi-même. Dans ce cas-là, le soi (honteux) doit être rejeté et abandonné. Sur le plan moral, cela se fait devant les autres, devant la société. Dans le cas de la confession religieuse – à savoir, de la confession véridique –, ce rejet ou abandon du soi honteux devra se faire devant l'origine de soi-même, devant Dieu le Père, devant le Bouddha, charitable comme la Mère. »

L'expression de Nishida n'est pas très rigoureuse, néanmoins on peut aisément saisir l'idée. Toutefois, il faut ajouter que j'ai traduit dans (1) son texte en en supprimant une tournure trop japonaise pour ne pas paraître redondante, superflue ou inutile à un lecteur français. À la conserver en effet, on obtiendra cette traduction littérale : (2) « *Il faut nécessairement* que si une confession est véridique, il y ait dans cette confession un sentiment de honte. Et c'est par rapport à autrui que ce sentiment sera éprouvé. Sur le plan moral, se confesser veut dire éprouver de la honte devant le soi objectif – à savoir, devant la moralité de soi-même. *Il faut nécessairement* que dans ce cas-là, le soi (honteux) soit rejeté et abandonné. Sur le plan moral, cela se fait devant les autres, devant la société. *Il faut nécessairement* que dans le cas de la confession religieuse – à savoir, de la confession véridique –, ce rejet ou abandon du soi honteux se fasse devant l'origine de soi-même. *Il faut nécessairement* que cela se fasse devant Dieu le Père, devant le Bouddha, charitable comme la Mère. »

Pourquoi Nishida était-il obligé de répéter (inconsciemment et/ou consciemment) quatre fois la formule : « Il faut nécessairement que... » ? À quelles exigences répondent ces lourdes répétitions ?

Dans les propositions (2) on peut remarquer une chose très caractéristique : Doï et Nishida affirment une vérité sans indiquer de sujet émetteur. Le tour compliqué qui précède l'affirmation de Doï comme les répétitions de Nishida ne sont-elles pas introduites pour ne pas expliciter la personne qui a découvert cette vérité ? Mais alors pourquoi faut-il la cacher ? Ce qui est paradoxal pour un lecteur français, c'est que l'obligation que ces deux écrivains se sont faite de dissimuler leur présence dans le texte, était d'autant plus pressante que la vérité qu'ils se sont figuré avoir découverte leur a paru plus importante. Elle leur semblait s'imposer à eux comme une évidence, indépendante de toute intervention subjective.

En français, ce qui certifie ou hypothèque la vérité d'une affirmation, c'est toujours le sujet lui-même – celui-ci prend l'initiative et la responsabilité d'affirmer une vérité –, tandis que pour Doï et Nishida ce qui hypothèque ou certifie la vérité, c'est le caractère naturel et spontané de son surgissement.

La raison japonaise apparaît comme une forme de la spontanéité et du naturel. Pour faire entendre ce qu'est cette forme dans la culture japonaise, il faudrait donner ici une longue explication historique, car la tradition japonaise a tenu ce mouvement spontané des choses pour le principe primordial du cosmos ou de la nature. Dix-huitiémiste, je m'en tiendrai à l'examen de deux philosophes japonais de la nature de cette époque.

Au milieu du XVIIIe siècle, dans une petite ville appelée Hachinohé, au nord du Japon, vivait un médecin philosophe, sorte de curé Meslier, du nom de Shôéki Andô ; il écrivait beaucoup et publiait clandestinement des ouvrages très critiques sur le système féodal de son temps. Ses manuscrits ne furent découverts qu'en 1899. Dans la préface de son ouvrage principal, intitulé *La véritable voie de la nature,* il écrit : « Qu'est-ce qu'on appelle la nature ? C'est le nom de ce principe d'équilibre, de ce mouvement harmonieux. Qu'est-ce qu'on appelle le principe d'équilibre ? On peut répondre que c'est le mouvement spontané d'une énergie active qui produit l'avancement ou la régression, parfois à petits pas, parfois à grands pas. »

Il faut faire remarquer ici que les caractères chinois qui composent le mot « nature », outre leur prononciation chinoise *shizen,* nom commun qu'on peut rendre par « nature » en français, peuvent en japonais se lire de deux façons : d'une part, *hitori suru,* qui signifie « se faire par elle-même » (dans le sens de la nature elle-même) ; d'autre part, *wareto suru,* qui signifie « se faire par soi-même » (dans le sens de : chacun soi-même).

Hitori suru s'applique aux mouvements du monde et *wareto suru* aux actions humaines, mais tous deux ne font en fait qu'un. La nature ou le principe universel reste le mouvement spontané des choses sans intervention d'êtres transcendants ou humains.

À peu près à la même époque, dans une ville de l'île sud du Japon, Kyûshû, vivait un médecin philosophe nommé Baïén Miura. Bien que tous deux médecins et philosophes, Andô et Miura ne se connaissaient pas. Miura écrit, dans l'un de ses principaux ouvrages, *Propos inutiles* : « Dans cet univers, dont l'étendue est infinie, il n'y a aucune chose qui ne soit du principe Ki (énergie cosmique). Qui peut donc préexister au Ki ? Qui peut lui postexister ? Aussi le rien et l'existence se font-ils tous deux également spontanément. Le vide et le réel se font également spontanément. Il n'y a ni commencement ni fin. » Miura met l'accent sur ce mouvement spontané et infini qui n'a ni commencement ni fin. Chez ces deux philosophes, comme chez tant d'autres, le principe du cosmos est cette spontanéité naturelle elle-même.

Dans les deux traductions françaises (1) de Doï et de Nishida, j'ai mis en évidence le sujet émetteur de vérité qui certifie cette vérité même, affirmateur ou découvreur d'une vérité, il est toujours transcendant à celle-ci conformément à la syntaxe normale du français. La vérité est donc affirmée ou découverte par cet être transcendant. Pour trouver le modèle de cette formule française, ou européenne, il faut peut-être remonter à l'origine de la tradition judéo-chrétienne. On lit en effet, au tout début de la *Genèse* : « Au commencement, Élohim créa les cieux et la terre. » L'expression de la vérité chez les Français et les Européens semble se calquer sur cette formule : le sujet grammatical imite l'Élohim de la *Genèse*. Il dit, il trouve, il affirme, comme Élohim le fit au commencement de l'univers, tandis que dans la genèse japonaise, intitulée *Kojiki (Chronique des choses anciennes)*, écrite au début du VIIIe siècle par un historiographe de la cour impériale qui colligea toutes les traditions orales de la nation, on trouve, à propos de la généalogie des dieux dont les descendants terrestres sont les *ténnô* (empereurs) du Japon, ces quelques phrases révélatrices : « Au moment où le ciel et la terre *se développèrent* pour la première fois, le nom du dieu qui se *fit* dans les champs des cieux était Améno-Minakanusubii-no-Kami. Ensuite vint Takamimusubii-no-Kami. Ensuite vint Kamimusubii-no-Kami. Ces trois dieux sont des dieux solitaires qui se créèrent, puis se cachèrent. »

Soulignons la différence fondamentale entre la genèse judéo-chrétienne et la genèse japonaise. Dans la première, c'est Dieu qui crée le monde, tandis que, dans la seconde, l'univers existe sans que Dieu le crée et les premiers dieux y surgissent de façon spontanée et par eux-mêmes. Ne peut-on trouver dans la première formule l'archétype d'une proposition européenne où un sujet affirme une vérité, et dans la seconde le principe d'une proposition japonaise où la vérité surgit de façon spontanée et naturelle sans aucune intervention d'un être extérieur à la situation ?

Dans *Vivre l'espace au Japon* que j'ai déjà cité, Augustin Berque raconte le choc culturel qu'il éprouva quand, débutant en japonais, il vit un film de guerre japonais. Une jeune infirmière, malgré le danger pressant, refuse de quitter son poste. « Pourquoi ? », lui demande le médecin. « Elle se taisait, écrit Berque, puis brusquement lui disait sans le regarder : *suki desu.* Sous-titre : *je vous aime.* Bonne traduction, bien claire : le sujet S *(je),* le verbe V *(aime),* le complément C *(vous).* La structure même SVC (compte tenu de l'inversion pronominale). Or, dans la phrase japonaise, il n'y avait ni pronom ni désinence, ni sujet ni objet qui pût indiquer qui aimait qui. Et la femme ne regardait même pas l'homme ! L'énoncé n'indiquait strictement rien d'autre que l'existence d'un sentiment d'amour quelque part dans la scène (...). Mais dans la déclaration d'amour susdite, il n'y avait rien à quoi raccrocher l'action d'aimer. »[1]

Comment cette infirmière aurait-elle pu faire autrement ? Pour signifier que le sentiment qui la traversait était irrépressible, que son amour était vrai, elle se devait de ne pas se nommer : la vérité réside dans ce surgissement spontané et naturel.

1. Le sens du verbe *suki desu,* qui ne renvoie à aucun sujet, est parfaitement clair : l'emploi du suffixe verbal de politesse *desu* marquant qu'on s'adresse à une personne de statut social supérieur, la situation oblige à conclure que le sujet latent du verbe *suki desu* est la personne de statut social inférieur – en l'occurrence, l'infirmière.

La mort en fusion

Quand on est sûr de mourir dans l'heure qui suit, à quoi pense-t-on ? Comment se justifie-t-on l'absurdité de ce passage de l'être au néant ? Tout lecteur de Dostoïevski se rappellera l'épisode raconté par le prince Mychkine dans le salon de Madame la générale Epantchine. Un jeune homme, à peine âgé de 27 ans et inculpé de crime contre l'État, se voit conduire au poteau d'exécution. On lui lit la sentence de mort, exécutoire dans les vingt minutes. Ce laps de temps écoulé, voilà soudainement qu'on le libère.

L'auteur raconte les pensées qui agitèrent le jeune homme promis au peloton : « Près de là s'élevait une église, dont la coupole dorée brillait sous un soleil éclatant. Il se rappelait avoir fixé avec une terrible obstination cette coupole et les rayons qu'elle réfléchissait ; il ne pouvait pas en détacher ses yeux ; ces rayons lui semblaient être cette nature nouvelle qui allait être la sienne et il s'imaginait que, dans trois minutes, il se confondrait avec eux... »[1]

Ce condamné à mort, en pensant que la lumière qui se reflète sur la tour de l'église sera très bientôt sa nouvelle forme de vie, se sent déjà comme fondu dans ces rayons.

1. Dostoïevski, *L'Idiot*, trad. Albert Mousset, Gallimard, « La Pléiade », 1953, p. 73.

On sait que cet épisode de *L'Idiot* a son origine dans une expérience vécue de l'auteur : impliqué dans l'affaire de Petrachevski et condamné à mort comme criminel d'État, il fut conduit à 26 ans, le 21 septembre 1849, au poteau d'exécution dressé dans un coin du terrain de manœuvres Semionov. Mais il ne s'agissait en fait que d'une parodie d'exécution, d'une de ces mascarades dont la police impériale aimait user pour effrayer les prévenus : au moment où le peloton met en joue, arrive l'officier porteur du décret de grâce. Dostoïevski se vit cependant relégué en Sibérie. Cette fusion avec la lumière, qu'a vécue par anticipation le jeune condamné à mort Dostoïevski, est-elle spécifique à la culture russe ou commune à toutes les autres ?

Je ne sais, mais je voudrais faire remarquer ici qu'on retrouve cette même pensée devant la mort sous la plume d'écrivains japonais contemporains, et en examiner deux exemples.

Le premier est tiré du roman intitulé *Feu dans la plaine,* de Shôhéi Ôoka. Ce roman de guerre est le récit, par un soldat de l'armée japonaise des Philippines, de son errance dans les montagnes de l'île de Leyte. Son régiment ayant été anéanti, il marche seul des jours et des jours avec pour unique guide le cours d'une petite rivière. Celle-ci l'amène un matin sur la berge d'un fleuve : enlevant godillots et molletières, il fait quelques pas dans l'eau.

Plongé dans ses rêves, il voit son corps éventré flotter au fil de l'eau. « De nouveau, j'ai regardé l'eau devant moi. Elle coulait avec ce bruit de chuchotement que j'écoutais souvent dans mon enfance. L'eau coule sans fin entre les pierres, les contourne, ressurgit, et puis prestement s'enfuit. Tout me paraissait mouvement continu et sans fin. J'ai poussé un soupir. Quand je serai mort, ma conscience n'existera certainement plus, mais mon corps ne cessera de subsister en se fondant dans la grande matière qu'est cet univers. Je vivrai pour toujours. »

Dans une nouvelle autobiographie, intitulée *Retrouvailles,* Ôoka, qui vient d'être démobilisé, raconte à son ami le souvenir de la sensation et des pensées qui le frappèrent, alors qu'il était simple deuxième classe de 35 ans, en partance pour les Philippines. Il décrit dans cette expérience vécue presque la même sensation que celle du soldat Tamura en fuite dans les Philippines, et l'exprime avec quasi les mêmes mots.

Le deuxième exemple que je voudrais citer est tiré d'une nouvelle de Téru Miyamoto intitulée *Le rougissement des feuilles d'automne.* La nouvelle est composée des lettres échangées entre deux personnages quelques années après leur divorce. Le divorce avait suivi une tentative de double suicide : la maîtresse du mari, après avoir poignardé par surprise son amant, s'était tranché la gorge. L'épouse légitime, avertie par un coup de téléphone de l'hôpital où son mari sans conscience avait été transporté, ne se doutait évidemment de rien. Son mari rétabli, elle exigea de connaître le nom de sa maîtresse et la raison pour laquelle celle-ci avait tenté de le tuer, et, devant le mutisme de celui-ci, demanda le divorce.

La nouvelle épistolaire commence après que le hasard les a fait se retrouver ensemble un automne, au pied d'une montagne dans le nord du Honshû (l'île principale de l'archipel nippon), quand les feuilles rouges des érables en tapissent les versants. Au dire d'une lettre du mari à son ex-femme, il pensait souvent, après avoir repris connaissance : « Si j'étais mort, moi, que serais-je devenu ? Peut-être, je serais devenu la vie elle-même, sans corps ni esprit, et cette vie elle-même se serait dissoute dans cet univers. »

Sa pensée tournant sans cesse autour de la mort, la même idée lui revient toujours : « Tout homme s'approchant de la mort regardera ce qu'il a fait jusque-là. Pourtant, tout en portant les tourments et les repos causés par sa manière de vivre, il se changera en pure vie qui, elle, ne cessera plus et se fondra dans l'espace infini qu'est l'univers, dans le temps-espace sans commencement ni fin. »

Dans un article pour le journal *Asahi*, du 15 janvier 1991, Téru Miyamoto parle de l'expérience personnelle qui l'amena à rédiger cette nouvelle : parti en voyage pour le nord du Honshû, peu après que le train eut quitté Tôkyô, il se mit à cracher du sang et ne put plus s'empêcher de croire sa fin prochaine. C'est alors que ses yeux rencontrent le rougeoyant manteau de feuilles d'une montagne qui se découpe sur le ciel étoilé. Il écrit : « La pensée qui surgit soudainement en moi était, en un mot, celle que, même après la mort, l'on continue à vivre. D'un coup, cette idée se développa et m'emplit d'une allégresse extraordinaire : nous prendrons tantôt une forme de mort, tantôt une forme de vie ; mais la vie elle-même qui est notre origine ne périra point. »

Selon Miyamoto, c'est cette pensée et l'allégresse qu'elle lui procura qui le poussèrent à imaginer sa nouvelle. Il ne serait pas tout à fait inexact d'affirmer que sa joie éprouvée devant la nature, au moment où il voyait toute proche sa mort, ressemble étrangement à « l'état de joie proche de l'extase » qui surprit le vieux soldat d'Ôoka.

L'idée de se fondre dans le mouvement naturel de l'univers et de continuer ainsi à vivre éternellement n'est pas la particularité des écrivains contemporains. En témoigne le dernier livre qu'écrivit Chômin Nakaé, le premier traducteur japonais du *Contrat social* de Rousseau.

Alors que l'auteur, atteint d'un cancer, n'a plus, selon le pronostic des médecins, qu'un an et demi à vivre, il rédige deux livres : *Sursis de mort : un an et demi* et *Suite du Sursis de mort : un an et demi.*

Dans ce dernier livre, il expose sa propre philosophie du matérialisme athée. Réfutant l'idéalisme importé d'Europe à cette époque, il affirme non pas l'immortalité de l'âme, mais celle du corps ; il écrit, en effet : « Si j'ose avancer plus positivement ma thèse, l'esprit n'est point immortel, mais le corps, origine et support de celui-ci, étant composé de certains éléments, ne sera pas détruit, même après sa décomposition. Quand Napoléon ou Toyotomi Hidéyoshi[1] sont morts, il se peut que, de tous les éléments composant leur corps, les éléments gazeux aient été absorbés par les oiseaux qui virevoltent dans les cieux, les éléments solides par l'eau qui passera dans les racines d'une carotte ou d'un radis noir, qui passeront à leur tour dans l'intestin d'un homme. Il n'en est pas moins vrai que, tout en changeant toujours de lieux, ces éléments existent pour toujours. »

Dans ce livre, Chômin Nakaé ne parle pas de ses propres expériences : le but est, comme le dit son disciple Shûsui Kôtoku dans sa présentation, d'exposer la thèse philosophique de Nakaé, le « nakaénisme » *(sic).*

Toujours est-il que l'acceptation de la mort chez ces trois écrivains dérivait de cette pensée commune que, même après leur mort, les éléments qui les composaient continueraient d'exister indéfiniment. Aucun d'eux, bien sûr, n'accepte l'hypothèse d'un Dieu transcendant, mais ce

1. Général et homme politique japonais (1536-1598) qui mit fin aux guerres civiles et réunifia le pays.

que la tradition européenne verrait comme un atomisme athée est au Japon, en l'absence de toute notion de transcendance, un comportement tout à fait naturel. On trouverait évidemment des exemples d'attitudes analogues chez les philosophes matérialistes du XVIIIe siècle français.

Ainsi, Diderot, dans *Le Rêve de d'Alembert,* fait exprimer à son héros une idée analogue à celle de Chômin Nakaé ; le géomètre dit, en effet : « La vie [est] une suite d'actions et de réactions... Vivant, j'agis et je réagis en masse... Mort, j'agis et je réagis en molécules... Je ne meurs donc point ? Non, sans doute, je ne meurs point en ce sens, ni moi ni quoi que ce soit... Naître, vivre et penser, c'est changer de formes... Et qu'importe une forme ou une autre. Chaque forme a le bonheur et le malheur qui lui est propre. »

Cette idée était communément partagée par les philosophes des Lumières. On retrouve la même affirmation dans un livre d'un docteur en médecine assez peu connu, de Sèze. Il publie en 1786 les *Recherches physiologiques et philosophiques sur la sensibilité ou la vie animale,* où il expose à peu près la même idée que Diderot : « À parler strictement, il n'y a point de mort réelle dans la nature, même après la dissolution des corps, il reste dans leurs éléments l'action de la vie qui leur est propre : cette action ne s'éteint point, elle se développe même plus fortement : c'est une sorte de tendance à l'agrégation, à la combinaison dont jouit chaque molécule de matière, qui, changeant sans cesse de forme, n'en reste pas moins imprégnée de cette force motrice dans quelque état qu'elle se trouve. »

Disciple de Lucrèce, Sylvain Maréchal lui-même écrit, dans les *Fragments d'un poème moral sur Dieu* publié en 1781 : « Si la nature existe, elle existe par elle : son mode peut changer, mais elle est éternelle. Si, tenant tout de lui, le monde est sans auteur, il est, en même temps, lui-même son moteur. En vain je me plaindrais ; inutile murmure ! Tout est ce qu'il doit être au sein de la nature. »

Le texte de Maréchal n'était pas connu de Chômin Nakaé, mais, s'il l'avait été, il est certain qu'il aurait reçu son plein assentiment.

Je m'abstiendrai de conclure ici à la ressemblance de la pensée française des Lumières avec les manières de pensée traditionnelles du Japon ; je remarque néanmoins des analogies.

Pour conclure, je donnerai l'exemple de mon père, un homme foncièrement enraciné dans la tradition japonaise. Malgré son éducation universitaire dans un milieu protestant du nord des États-Unis et un séjour en Europe qui dura six ou sept ans, la culture européenne n'avait pas entamé son identité japonaise. Quand il était vieux, il disait, de temps en temps : « Quand je serai mort, je retournerai à la terre, heureux de revenir aux éléments. Ne faites pas de funérailles, mais fêtez mon retour à l'origine. »

Endroit et envers

Le titre d'un livre a rendu célèbres les termes « endroit » et « envers ». Dans ce livre, publié par Takéo Doï, en 1988, et traduit depuis en anglais et en français, ce psychanalyste japonais fournissait une seconde clé sur la mentalité japonaise, la première étant la tout aussi fameuse « indulgence » *(amaé)*. L'expression « endroit et envers » est très utilisée dans la conversation japonaise, et mon propos n'est pas d'expliquer ici le concept du psychanalyste, mais d'en donner une idée en imaginant ce qui aurait pu se produire dans un secrétariat d'une université japonaise.

Supposons qu'un professeur ait un projet de voyage pour l'Italie afin de participer à un colloque conformément aux accords passés entre deux institutions que sont une université italienne et une université japonaise. Le thème – le naturel et l'artificiel – convenant à tous, on envisage des intervenants des deux pays dans les domaines scientifique, sociologique ou littéraire. Les frais de voyage des participants japonais seront payés par le ministère de l'Éducation nationale japonais et leur séjour en Italie sera à la charge de l'université italienne. Ce professeur veut profiter de l'occasion pour faire un saut à Genève et faire une conférence à l'université ; il se propose naturellement de payer le voyage d'Italie en Suisse ainsi que son séjour. Passer par Genève est d'autant plus intéressant que l'université a laissé entendre la possibilité du retour au Japon à partir d'un aéroport suisse. Il va sans dire que cet universitaire a une invitation officielle où apparaissent trois noms de professeur d'université, tous trois mondialement reconnus.

Tout est parfait, du moins ce professeur le pense-t-il. Mais un membre du personnel du secrétariat déclare, après avoir examiné les dossiers : « Vous ne pouvez pas partir du Japon dans ces conditions. » Très intrigué, un peu stupéfait, le professeur demande pourquoi, puisque tous les dossiers sont complets. Celui-ci répond, à demi compatissant, à demi autoritaire : « Vous pouvez aller faire une communication en Italie aux frais de l'État. Si bien que c'est l'État qui non seulement permet de partir mais précisément ordonne de faire ce voyage, pour réaliser un bien public. Mais faire une conférence en Suisse est affaire personnelle et privée, le ministère de l'Éducation nationale japonais n'autorise pas qu'on fasse d'une affaire privée une chose publique pour laquelle on sollicite l'État. »

Furieux, ce professeur proteste : « Quelle bêtise, et sur quel fondement prenez-vous cette décision ? » On lui montre alors un gros volume, recueil des règlements du ministère, et plus particulièrement un article concernant le voyage à l'étranger pour un envoyé du ministère. On lui fait remarquer un autre règlement où il est question des voyages de recherches à ses propres frais et d'où il découle qu'on ne peut faire de deux objectifs incompatibles entre eux un voyage unique.

Désespéré, l'universitaire ne peut que dire : « Quelle bêtise ! » Alors, souriant, le responsable lui suggère : « Si vous pouvez avoir un mot officiel de la part de l'université suisse prouvant qu'elle est prête à vous payer les frais de voyage d'Italie en Suisse et les frais de séjour en Suisse, on peut régler le problème. » Le professeur rétorque : « Mais c'est impossible ! » Alors, on lui répond encore en souriant : « Ce n'est qu'une formalité, l'université suisse n'a pas besoin de vous payer, vous payerez vous-même. » Le professeur explique : « Ne serait-ce que pour la formalité, je ne peux exiger des Helvètes d'écrire cette lettre, puisque j'ai déjà écrit que je pouvais profiter de mon séjour en Italie et que je n'avais pas besoin d'être payé. » Il s'ensuit des discussions très techniques entre ce responsable et ce professeur. À la fin, cette personne lui dit : « Bon, dans ce cas-là, on transmettra au ministère que les frais de voyage d'Italie en Suisse seront à la charge de l'université suisse, sous notre responsabilité. Je vous demanderai d'apposer votre sceau sur le dossier. »

Ainsi, tout était réglé, l'endroit, c'est le règlement du ministère, et l'envers, ce sont les tractations nécessaires à la rédaction du dossier et l'interprétation sous-entendue, jésuitique du règlement. C'est cet envers qui lie le responsable et le professeur.

Le dossier est mensonger évidemment, mais ce responsable n'a aucune mauvaise conscience. Il pourra répondre au ministère, par exemple : « Le professeur a déclaré qu'il fera don à l'université suisse de la somme équivalente au prix de son voyage et de son séjour, etc., et l'université helvète paiera ladite somme pour le professeur. » La fameuse casuistique des Jésuites n'est pas seulement l'apanage de cette Compagnie, elle est aussi la morale particulière de la bureaucratie japonaise à laquelle le neveu de Rameau donnerait volontiers le nom d'« idiotisme de métier ».

Depuis cette affaire, ce professeur est censé avoir une obligation vis-à-vis de cette personne du secrétariat, et ce dernier se sent devenu plus intime avec l'universitaire qu'auparavant. La logique que développe ce responsable administratif est la solution de l'envers.

Son attitude dérive, bien sûr, de *omoté et ura* (endroit et envers) de la mentalité des Japonais ou, plus exactement, de la double structure de la conscience des Japonais. Peut-être les lecteurs français me contesteront-ils en alléguant que le même phénomène se rencontre dans toutes les bureaucraties. Mais ce qu'il y a de caractéristique au Japon est que tout se passe sur le côté (envers) à un niveau purement formel.

Selon Takéo Doï, *omoté et ura* se manifestent parfois sous forme de *tatémaé* (le devant de la façade, le principe de convenance sociale) et *honné* (le vrai son, la vérité individuelle, ce qu'on éprouve au fond de soi).

Cette double structure caractéristique des mentalités japonaises existe-t-elle depuis toujours ? D'un caractère profondément enraciné dans sa propre mentalité, on ne pourra que difficilement prendre conscience : les étrangers remarqueront plus facilement les traits propres aux Japonais.

Quand les missionnaires portugais sont arrivés pour la première fois au Japon, ils furent très étonnés de la différence entre les mœurs des Occidentaux et de ceux qu'ils appelaient les « païens », les habitants de l'archipel japonais.

De ce point de vue, nous sommes intéressés par le mémoire sur le Japon et les Japonais, rédigé par un jésuite, Luis Frois, resté à l'état de manuscrit à la bibliothèque de l'Académie royale d'Histoire à Madrid, et traduit par Kiichi Matsuda en 1983. Ce livre, en quatorze chapitres, compare les mœurs des Européens avec celles des Japonais du Kyûshû, grande île située au sud-ouest de l'île principale du Japon. L'auteur est très lucide, et il n'hésite pas à applaudir aux traits dignes de louanges qu'il peut relever.

Citons quelques passages. Soit le deuxième chapitre qui traite des femmes : « En Europe, les maris marchent en avant et les femmes suivent. Au Japon, les maris suivent les femmes qui marchent les premières. En Europe, la propriété est commune au mari et à la femme. Au Japon, le mari et la femme possèdent chacun leurs propres biens et la femme prête quelquefois à son mari de l'argent à un taux d'intérêt très élevé. En Europe, à cause de leur nature corrompue, les hommes divorcent d'avec leurs femmes. Au Japon, les femmes prennent souvent l'initiative du divorce. En Europe, les femmes ne sortent pas de la maison sans la permission de leur mari. Les femmes japonaises, sans en avertir leur mari, se rendent librement là où elles veulent aller. En Europe, il n'est pas de bon ton que les femmes boivent du vin. Au Japon, les femmes boivent de l'alcool très fréquemment, et les jours de fête elles en boivent jusqu'à se griser. »

Et le troisième chapitre, sur les enfants et leurs mœurs : « Les enfants d'Europe, même proches de l'âge adulte, ne peuvent être chargés de transmettre des messages importants, qui seraient à énoncer oralement. Les enfants japonais peuvent le faire avec un tel jugement, une telle sagesse qu'ils apparaissent avoir 50 ans. Les enfants d'Europe n'ont ni prudence ni élégance dans leur conduite. Les enfants japonais se comportent parfaitement, d'une manière tout à fait remarquable, et ils sont dignes d'admiration. Les enfants d'Europe se montrent en général très hésitants à l'occasion de pièces de théâtre où ils jouent un rôle. Les enfants japonais se présentent sans crainte, très librement et avec élégance, et ils s'imposent déjà dans leur rôle avec une personnalité affirmée. »

Le mémoire de Frois abonde de remarques fort intéressantes qui font quelquefois rire, et il relève déjà la double structure de la conscience des Japonais, qu'il perçoit comme de l'hypocrisie. Dans son dernier chapitre où il regroupe les particularités des Japonais qu'il n'a pas pu classer ni analyser dans les chapitres précédents, il écrit : « Chez les Européens, le faux sourire est regardé comme manque de sincérité. Au Japon, il est estimé comme noble et distingué. Chez les Européens, la salutation se fait avec un visage posé et sérieux. Les Japonais saluent toujours et nécessairement avec un faux sourire. En Europe, dans la parole, on exige la clarté et on évite l'équivoque. Au Japon, la parole la plus appréciée est celle qui entretient l'équivoque. Elle est la plus estimée. »

Après l'expulsion des Portugais, et durant la fermeture du Japon, une porte resta ouverte, réservée aux relations purement commerciales avec les Pays-Bas. Le personnel de la Compagnie hollandaise des Indes orientales fut cantonné dans une enceinte de l'îlot de Deshima à Nagasaki. Dans son *Histoire naturelle, civile et ecclésiastique de l'empire du Japon* (traduction française en 1732), Engelbert Kaemper, médecin allemand de la Compagnie, signale l'attitude des Japonais, qui semble toujours très hypocrite aux yeux européens. Il y est question de duplicité : « (...) nous sommes traités par nos gardes nombreux, et par nos surveillants, avec une civilité apparente, avec des caresses, des compliments, des présents de rafraîchissements et d'autres marques de déférence, autant que cela n'est pas incompatible avec leur raison d'État. Mais cette politesse et ces bonnes manières à notre égard, nous les devons plus à la coutume du pays, à la civilité naturelle, et au noble procédé des Japonais, qu'à leur estime et à leur bonne volonté pour nous, qu'ils ne se soucient guère de faire paraître. »

Une ambassade de Hollandais durant la fermeture du Japon allait chaque année saluer le shogun qui demeurait au château d'Édo, l'actuel palais impérial de Tôkyô. Un autre médecin, allemand et appartenant aussi à la Compagnie de Deshima, Frantz von Siebold, a publié, dans la première moitié du XIXe siècle, un livre intitulé *Nippon,* dont le chapitre 2 est consacré à son voyage au château du shogun à Édo. Siebold, au cours de son voyage entre Nagasaki et Édo, est étonné par le fait que les classes sociales ne se témoignent ni mépris ni animosité, alors que les distinctions sociales sont très tranchées. Il constate une harmonie très humaine en dépit des différences de conditions : « Au Japon, la distinction sociale entre les ouvriers et les maîtres dans les usines est très marquée et la hiérarchie est beaucoup plus rigoureuse qu'en Europe, ils sont néanmoins très intimement liés en tant que concitoyens, se manifestant un respect et une bienveillance mutuels. C'est ainsi qu'il règne un peu partout au Japon politesse et ordre. » Il voit régner la politesse et l'ordre, non seulement parmi les fonctionnaires du shogunat, mais aussi parmi les paysans et les guerriers : « Parmi les paysans, il régnait un ordre qui nous étonna et ils étaient très polis. Quand nous traversions un village à pied ou en chaise à porteurs, les gens du peuple agenouillés nous saluèrent, effleurant le sol du bout de leurs doigts. »

Au début du XIXe siècle, la population japonaise était déjà assez dense dans les grandes villes, où existaient certainement des conflits et des difficultés. De quelle façon les

Japonais pouvaient résoudre ces problèmes pour construire une société harmonieuse, de politesse et d'ordre ?

Siebold signale l'emploi très particulier de l'endroit et de l'envers parmi les Japonais : « Les Hollandais avaient beaucoup de contraintes en tant qu'étrangers, surveillés dans leurs moindres faits et gestes par des yeux inquiétants. D'autre part, beaucoup de choses ont été améliorées avec les guides-interprètes japonais. Si on agissait non pas de façon publique, mais en cachette, à savoir dans le revers, beaucoup de choses changeaient en notre faveur et beaucoup de contraintes qui limitaient notre liberté pouvaient être éliminées. Les interprètes japonais se servaient fréquemment de ces deux termes : "envers" et "endroit" ». Et le médecin allemand cite beaucoup d'autres exemples.

Peut-être Takéo Doï a-t-il pu mettre en évidence le concept-clé d'envers et d'endroit, de ce qu'il a par trois fois séjourné longuement aux États-Unis ; grâce à son double regard de Japonais et d'étranger, il a mis au jour cette double structure de la conscience japonaise, qu'avaient déjà pointée un Portugais et deux Allemands aux siècles qui ont précédé le nôtre.

Tirer sans viser

Il y a quatre ou cinq ans, au Centre Pompidou, un philosophe japonais a donné une conférence sur les principes de Kitarô Nishida – le premier philosophe original du Japon depuis la modernisation de l'ère Meiji en 1768 – et en particulier sur le concept-clé de ses derniers travaux, *Kôi-teki chokkan*. Cette expresssion signifie « l'intention qui se conçoit dans l'acte même », ou encore « l'acte qui se figure dans l'intuition même ». Pourtant le conférencier l'a traduite par l'expression « intuition active ». Piégés par cette traduction malencontreuse, nombre de Français ont posé, au moment du débat, des questions portant sur la différence entre l'intuition *active* et l'intuition *négative*. Et la discussion s'est égarée dans un labyrinthe sans issue.

Nishida lui-même propose de traduire cette expression en allemand tantôt par *Tatanschauung* (acte-intuition), tantôt par *handlungsgemässe Anschauung* (intuition se conformant à l'acte) ou par *handlungsmässige Anschauung* (intuition convenant à l'acte). Toutefois Elmar Weinmayr[1] préfère, lui, la traduction *handelnde Anschauung* (intuition en action). Pour

1. *Philosophie de Nishida,* éditée par Yoshio Kayano et Ruôsuke ôhashi, Kyôto, Mineruva-shobô, 1987, p. 220-221.

ma part, je traduirai cette expression par « intuition-acte ». Si je parle ici de cette notion fondamentale, ce n'est pas pour développer des arguments philosophiques, mais pour tenter d'illustrer une façon de penser et de se comporter des Japonais, qui se manifeste à différents niveaux de leur vie.

Au cours de l'automne 1992 a été organisé à Kyôto un colloque international sur le thème : « Une culture est-elle susceptible d'être traduite dans une autre ? » Au cocktail qui a suivi, un professeur américain qui a fait des études d'esthétique japonaise au Japon s'est présenté, impeccablement vêtu d'un *kimono,* muni d'un *biwa* (luth japonais), dont il a joué à merveille tout en récitant *Le Dit du Héiké,* récit de la splendeur et de la décadence d'un clan tout-puissant dans le Japon du moyen âge (XIIe-XIIIe siècles). Puis il nous a raconté comment il s'était intéressé à ce genre de récitatif et il a insisté en particulier sur la manière typiquement japonaise dont son maître enseigne cette musique.

D'après lui, jamais son maître ne lui a appris précisément à se servir de son instrument ; il lui a seulement demandé de faire comme lui. Au bout d'un an, il lui a demandé s'il comprenait quelque chose, et c'est alors que l'Américain s'est aperçu d'un coup qu'il avait atteint un certain niveau. Si je peux me permettre d'utiliser ce terme, je dirais que le but de l'entraînement de son maître était d'éveiller d'abord chez lui cette « intuition-acte » de l'exécution de *biwa.*

Pour donner une image plus concrète de cette notion, je présenterai le témoignage d'un philosophe allemand, Eugen Herrigel, sur l'apprentissage du tir à l'arc. Sans doute me reprochera-t-on de prendre un exemple fort peu métaphysique, voire physique pour éclairer l'idée abstraite de Nishida. Je me justifierai en me référant à ce passage de sa propre plume : « Si l'on essaie de définir l'intuition sur le plan du concept abstrait, on ne pensera qu'à un état statique. En fait, elle consiste à saisir la réalité par l'intermédiaire de notre corps. Aussi doit-elle s'appeler "intuition-acte" » (*Kôi-teki chokkan,* 1937).

Herrigel (1884-1955) a été pendant quatre ans lecteur à l'Université de Tôhoku, la partie nord de l'archipel nippon, puis professeur de philosophie à l'Université d'Erlangen. Outre des ouvrages philosophiques, il a écrit deux livres sur le tir à l'arc japonais et un autre sur le bouddhisme zen.

L'événement que je rapporte ici est tiré de son livre *L'art du tir à l'arc japonais.* Je ne m'attarderai pas à présenter en détail l'acheminement très lent de son entraînement. Je n'insisterai pas non plus sur les conflits perpétuels entre le disciple allemand et son maître japonais concernant la façon d'enseigner. Je présenterai tout de suite une scène dont l'Allemand a été témoin avant son retour dans son pays natal, sans ajouter aucun commentaire de crainte qu'on ne me trouve mystique si je tentais de lui servir de commentateur obligeant.

Après quatre ans de pratique, le maître donna à son disciple européen comme dernière épreuve de tirer dans une cible constituée par un amalgame de bottes de paille, et placée à 60 mètres de distance. Désemparé, Herrigel demanda à son maître : « Comment dois-je tenir l'arc pour atteindre une telle distance ? » Et le maître de lui répondre : « Tirez comme d'habitude sans vous soucier de la cible. » Intrigué, il proteste : « Il faut bien viser tout de même ! » Mais le maître insiste encore pour qu'il ne vise pas, lui demandant de ne penser ni à la cible ni à l'atteindre, bref, de ne penser à rien.

« Vous n'avez qu'à tendre votre arc, lui dit-il, jusqu'à ce que la flèche parte. Il faut laisser la chose se faire. » Puis le maître saisit son arc et le tend jusqu'à la limite, la flèche part et atteint le disque noir en plein milieu. Après quoi il demande à son disciple s'il l'a bien observé. « J'ai fermé lentement les yeux jusqu'à ce que la cible devienne floue. J'ai eu l'impression qu'elle s'approchait de moi et qu'elle s'unissait avec moi, ce qui serait impossible sans concentration. » À la fin, le maître propose une explication qui peut paraître absurde aux yeux des Européens mais je vais la répéter fidèlement telle que la transmet Herrigel : « Si la cible et le tireur ne font qu'un, la flèche partant du centre entre dans le centre. Il ne faut donc pas viser le disque noir mais soi-même. »

Malgré ce commentaire, l'Allemand ne saisit pas le dire du maître et ne peut renoncer à viser. Et le maître, d'un ton sévère, lui déclare : « Si vous voulez être un technicien du tir à l'arc, je ne peux rien pour vous. Moi, je ne suis que votre maître spirituel. » Le disciple a été obligé d'oublier la technique, mais il ne pouvait pas pour autant se résigner à n'être qu'un « tireur spirituel ». Profondément désespéré, il avoue à son maître qu'il serait toujours dans l'incapacité de comprendre et d'apprendre à tirer sans viser.

Le maître veut le convaincre, en vain, et l'accuse de ne pas avoir confiance en lui. Il conclut en disant qu'il ne restait qu'un moyen : venir chez lui le soir même. À la nuit tombante, le maître emmène l'Allemand incrédule dans une grande salle d'entraînement. Plongée dans l'obscurité, il allume un bâtonnet d'encens qu'il place sous la cible. Revenu à la place de tir, sans regarder son disciple, sans dire un mot, il prend deux flèches ; il tire la première et l'Allemand comprend au bruit qu'elle a atteint la cible. Puis il tire la deuxième et le même bruit se fait entendre. À la demande du maître, le disciple va chercher les deux flèches : la première avait atteint le disque en plein milieu, la seconde avait brisé le bout de la première en s'y enfonçant. Le maître lui dit : « Pensez-vous qu'avec cette obscurité on puisse viser ? Allez-vous encore me dire qu'on ne peut pas atteindre la cible sans viser ? » Depuis ce moment, abandonnant son scepticisme, Herrigel a commencé à tirer sans se soucier du regard du maître et sans penser à rien...

En quoi a consisté cet entraînement, qui illustrerait remarquablement l'« intuition-acte » ? « Avant de tirer, écrit Herrigel, on commence par une pratique rituelle. On avance un nombre déterminé de pas jusqu'à ce qu'on se trouve à une distance fixée du disque noir. Avant d'atteindre ce point, on s'arrête une fois pour respirer profondément. Quand le tireur se met en position, son esprit se concentre pour parvenir à un état de méditation complète. » Il interprète le tir à l'arc japonais comme un processus de concentration allant jusqu'à l'anéantissement de soi. Au moment où la flèche part, le tireur revient à lui-même, et le monde familier reprend son aspect ordinaire. Et il conclut : « La visée qui conduit de l'existence au néant reconduit toujours à l'existence, non pas parce que le tireur veut y revenir mais parce qu'il y est rejeté. La description des expériences vécues du tireur ne peut être expliquée par aucun raisonnement. Il faut se contenter d'une spéculation. »

Avant d'arriver à cette compréhension, Herrigel était toujours hanté par le doute, et pouvait même mettre en question la véracité des paroles de son maître, comme en témoigne, dans la postface du livre, Sôzô Komachiya, le collègue et ami de Herrigel à l'Université de Tôhoku, qui l'avait présenté au maître de tir à l'arc et lui avait servi d'interprète dans un premier temps. Selon Komachiya, le maître insistait toujours pour que son disciple allemand n'essaie pas d'atteindre la cible, et aimait rappeler qu'atteindre cent fois de suite la cible, ce n'était là que tir médiocre et que, par contre, à réussir à tirer cent fois sans aucune arrière-pensée de succès et le cœur pur, on devenait digne d'être comparé à Confucius lui-même, c'est-à-dire qu'on atteignait sinon le disque noir, du moins la sagesse.

Une question se pose : Comment le maître peut-il distinguer un tir médiocre, qui d'ailleurs atteint la cible, d'un vrai tir qui éventuellement ne l'atteint pas. Herrigel ne fournit aucune explication là-dessus mais on peut se référer à son article intitulé : « Comment le maître de zen peut-il deviner que son disciple est parvenu au *satori* (sagesse suprême) ? » Une fois arrivé à cet état, le disciple non seulement interprète le monde différemment mais son attitude, ses gestes envers les objets se trouvent modifiés. Par exemple, le geste qu'il a pour prendre une tasse de thé n'est plus maladroit, il ne prend plus la tasse comme un objet, il la prend sans distraction, comme si elle ne faisait qu'un avec sa main et il boit comme si lui, le buveur, et la chose bue, le thé, ne faisaient qu'un.

Herrigel comprendra tout cela beaucoup plus tard. Au cours de l'entraînement au tir à l'arc, il ne pouvait se débarrasser de la dichotomie du sujet et de l'objet. Aussi Komachiya écrit : « Pour Herrigel, tirer à l'arc signifie viser la cible. Le disque noir est l'objectif. Si l'on tire, il faut penser à atteindre cet objectif. On doit avoir conscience qu'on tire. Pour lui, tirer sans penser à atteindre la cible n'était que pur mensonge puisque tirer sans conscience relevait de l'impossible. » L'Allemand lui disait toujours que la façon de penser japonaise est aux antipodes de celle des Européens. Adopter le système de pensée européen rend tout incompréhensible au Japon, où il faut saisir les choses par un autre bout.

Je me permettrai d'ajouter quelques mots. Il est de tradition en Europe, depuis Aristote, de distinguer strictement « contemplation » *(to théôréïn),* et « activité » (*to prattéïn* et *to poiéïn*), si bien que ceux qui sont imprégnés de cette manière de penser trouveront une *contradictio in terminis* dans la notion d' « intuition-acte », comme c'était le cas de Herrigel que l'absurdité des directives de son maître rebutait : il faut tirer sans penser à atteindre la cible. Chose curieuse, cette dichotomie du contemplatif et de l'actif se rencontre en Chine dans la philosophie de Zhu Xi (fin XIe - début XIIe siècle). Mais Wang Yangming (fin XVe - début XVIe siècle) a unifié ces deux notions dans une idée-clé de sa doctrine philosophique selon laquelle connaissance et praxis ne font qu'un, comme Hegel a essayé de réunir contemplation et action dans sa dialectique.

Or Nishida, qui avait pratiqué la philosophie hégélienne ainsi que l'enseignement de Wang Yangming, a créé son système sous la double influence de ces deux traditions philosophiques, la chinoise et l'occidentale. Malgré la description phénoménologique de son expérience vécue du tir à l'arc, Herrigel n'est cependant pas arrivé à donner une explication analytique des faits. L'une des meilleures illustrations de l'intuition-acte de Nishida attend encore d'être explicitée de façon plus plausible par la philosophie, la psychologie et la psychanalyse.

Du principe panoptique I

Depuis le publication de *Surveiller et punir,* l'idée du Panopticon est connue du monde entier. Michel Foucault y décrit ainsi le principe de cette prison : « À la périphérie, un bâtiment en anneau ; au centre, une tour ; celle-ci est percée de larges fenêtres qui ouvrent sur la face intérieure de l'anneau ; le bâtiment périphérique est divisé en cellules, dont chacune traverse toute l'épaisseur du bâtiment ; elles ont deux fenêtres ; l'une, vers l'intérieur, permet à la lumière de traverser la cellule de part en part. » Aussi suffit-il de placer un surveillant dans la tour centrale blindée, invisible de l'extérieur, et d'enfermer dans chaque cellule un détenu (un fou, un malade, un condamné, un ouvrier ou un étudiant) pour profiter de l'effet de contre-jour et observer de la tour, sans être aperçu, les silhouettes qui se découpent sur les murs des cellules placées à la périphérie. On assure ainsi une surveillance constante des prisonniers sans être vu d'eux.

Selon Foucault, le Panoptique a été conçu par Jeremy Bentham lors de sa visite à l'École militaire de Paris, quelques années avant la Révolution. À propos de son principe, Foucault, résumant les *Leçons sur les prisons* (trad. française, 1831) de N. H. Julius, écrit : « Il y avait là bien plus qu'une ingéniosité architecturale : un événement dans l'histoire de l'esprit humain. » Foucault n'examine cette nouvelle prison que sur le plan théorique. On peut néanmoins vérifier sur le plan pratique la justesse de l'appréciation de Julius, car, dans la première moitié du XIXe siècle, des Panopticons ont fait leur apparition à Paris.

En effet, Jacques-Antoine Dulaure, par exemple, décrit en détail dans son *Histoire physique, civile et morale de Paris* (Furne, 1857) la prison dite Prison-Modèle, qui sert de maison de correction pour les jeunes garçons ; elle est conçue selon un « système panoptique » : « Le pourtour des bâtiments, écrit Dulaure, est de forme hexagonale. Six corps de bâtiments en rayons, séparés par autant de préaux, tendent à un centre commun, d'où la surveillance générale de toutes les parties de la prison peut être exercée par une seule personne. »

Chose plus curieuse encore, dès l'ouverture du Japon en 1868, on y voit apparaître ce Panoptique. En effet, dans son article « Prison de Nakano en cours de destruction » (*Cent histoires de crimes* (Partie de l'ère Shôwa) éd. par N. Ozawa, Tôkyô, Chikuma-shobô, 1988), Térunobu Fujimori parle de l'introduction d'une prison moderne dont le modèle avait été pris, d'après lui, aux États-Unis suivant ce qu'on appelait alors *Pennsylvanian System.* « Selon ce système, continue Fujimori, le centre de surveillance se trouve au milieu et tout autour, les cellules sont disposées en étoile, de telle sorte qu'un nombre minimal de geôliers peuvent surveiller un maximum de détenus. » En dépit des affirmations de l'auteur sur l'origine américaine de cette prison, le principe en est le même que celui de Bentham. Fujimori explique que ce système, répandu en Europe, fut ensuite exporté de colonie en colonie, en Inde, à Singapour, puis jusqu'au Japon dans la seconde moitié du XIXe siècle.

La première prison de ce type au Japon fut celle de Miyagi où l'on enferma, à partir de 1880, les survivants de l'armée révoltée de Takamori Saigô. Au XXe siècle, on trouve encore la trace du Panoptique au Japon. Feu Yoshio Shiga, ex-membre du Comité central du Parti communiste japonais, a ainsi parlé d'une prison située à Toyotama, aux environs de Tôkyô, et de sa forme particulière : « Un philosophe anglais, qui était aussi économiste, nommé Jeremy Bentham a créé une prison en forme de K. Le geôlier qui se trouve au milieu peut surveiller tous les bâtiments rien qu'en tournant la tête : prison du type qu'on appelait *pachinko (sic)* » (« Ce que je voudrais laisser comme testament », revue *Messieurs, Medemoiselles et Mesdames,* Tôkyô, Bungeishunjû-sha, janvier 1984).

Selon le livre de Foucault, dans les années 1840 on a beaucoup discuté sur les variations possibles de la prison-machine nouvellement créée : « Le panoptique benthamien sous sa forme stricte, ou le demi-cercle, ou le plan en croix, ou la disposition en étoile. » Ce dernier type est la Prison-Modèle mentionnée par Dulaure. Mais ni Foucault ni Dulaure ne parlent d'un Panopticon en forme de K. La prison « pachinko » me semble d'autant plus bizarre que, en se plaçant au point de rencontre des trois barres de la lettre K, on peut évidemment observer les portes des cellules disposées dans les quatre couloirs, mais on n'a aucun moyen d'observer l'intérieur des cellules. Autre fait curieux : alors qu'aujourd'hui le mot *pachinko* désigne une boîte de jeu mécanique du style *flipper,* on l'employait, avant 1945, pour nommer un jouet d'enfant, la fronde. De toute façon, le témoignage de Shiga reste obscur pour un Japonais comme moi.

Que le Panopticon soit de forme circulaire ou en forme de K, qu'il soit originaire de Paris ou de Pennsylvanie, le principe demeure le même, il est le corollaire d'une société disciplinée qui naît avec le développement économique, politique, juridique et scientifique de l'Europe, au XVIIIe siècle et au début du XIXe.

Je voudrais souligner que l'on y perçoit très clairement la marque de la tradition judéo-chrétienne, et ce, de deux manières. D'une part, la relation entre Dieu et l'Homme, telle que la met en place la Bible, est exactement transposée dans le panoptisme ; d'autre part, le schéma freudien qui divise l'ego en deux parties, le surmoi et le moi, est le même que celui de la structure architecturale imaginée par Bentham.

Commençons par examiner le rapport entre le Panopticon benthamien et la notion freudienne d'ego. D'après le fondateur de la psychanalyse, il a fallu à un moment donné que le genre humain intériorise sa propre pulsion agressive en la renvoyant à son origine. Cette énergie agressive, récupérée et absorbée sous la forme du surmoi comme partie intégrante de l'ego, s'oppose en fait au moi avec une sévérité intransigeante, et fonctionne en tant que conscience morale *(Gewissen)*. Il se produit ainsi une tension perpétuelle entre le surmoi et le moi qui s'y assujettit ; d'où naît la culpabilité. La culture, pour désarmer les individus, et pour refouler leur forte agressivité, institue, pour ainsi dire, une cour juridique suprême à l'intérieur de chacun. Une fois le surmoi formé, aucun crime, même commis à l'insu de tous, ne peut échapper au surmoi omniscient. Le sentiment de culpabilité que le moi subit et éprouve devant ce censeur vient de ce qu'il est toujours exposé à son regard. Du fait même que le surveillant est omnivoyant, le moi, dès qu'il a une mauvaise intention – virtuelle ou réalisée –, se sent déjà coupable.

Je pourrais résumer les caractéristiques de la relation entre le surmoi et le moi comme suit : 1 / le moi est tout le temps observé par le surmoi omnivoyant ; 2 / le moi est absolument dominé et assujetti par le surmoi ; 3 / le surmoi se charge de discipliner le moi pour qu'il puisse vivre dorénavant en harmonie avec les autres individus.

Dès qu'on jette un coup d'œil sur ces trois traits, on s'aperçoit qu'ils se retrouvent dans la relation du surveillant et du surveillé dans le Panopticon, telle que Foucault l'a analysée. En effet, le geôlier invisible est censé observer tous les gestes du détenu, dont il devient le maître absolu. Il accomplit la volonté de la société, qui demande au détenu de se bien comporter dans la communauté.

Ici se pose une question : quelle est l'origine de ce regard omnivoyant à la fois benthamien et freudien ? Je crois y déceler la trace du *Deus absconditus* du judéo-christianisme. En effet, selon Zacharie (IV, 10), Iahvé ou Dieu possède sept yeux qui « circulent par toute la terre ». Ou bien on peut lire, dans l'*Épître aux Hébreux* (IV, 13) : « Il n'y a pas de créature qui lui soit cachée, tout est nu, dénudé, aux yeux de celui à qui nous devons compte. »

Peut-être me dira-t-on que cette opinion est hasardeuse et très peu fondée. Pour révoquer ce doute, je citerai un passage du *Tableau ou la vision de Dieu (De visione Dei sive de icona)* (1453) de Nicolas de Cues : « Approche-toi maintenant du tableau de Dieu (petit tableau portant la figure de Dieu en omnivoyant), toi frère qui le contemples, et place-toi d'abord à l'est, puis au sud et enfin au couchant. Comme le regard du tableau te suit également en tout lieu et ne t'abandonne pas où que tu te diriges, tu seras poussé à la réflexion et tu appelleras et diras : "Seigneur, maintenant dans ton image et par une certaine expérience sensible, je vois ta providence. Car si tu ne m'abandonnes pas, moi qui suis entre tous l'être le plus bas, tu ne manqueras jamais à personne. De même que tu es présent à tous les êtres et à chacun d'eux, de même est présent à tous les êtres et à chacun d'eux l'être sans lequel ils ne peuvent être" » (trad. française par Agnès Minazzoli, éd. du Cerf, 1986).

Le parallélisme entre la figure de Dieu omnivoyant, le gardien panoptique et le surmoi n'est que trop évident. Je suis donc tenté d'affirmer que le Panopticon benthamien est la réalisation terrestre et horizontale de la relation transcendante et verticale entre l'Être supérieur et l'Homme ici-bas. Le Dieu d'en haut, invisible et caché, descend sur le même plan que l'Homme pour se placer dans une tour, et adopte la forme d'un geôlier invisible. Si l'homme n'est pas fidèle à Dieu, l'Être des êtres se montrera toujours comme Dieu punissant. Mais tant que la créature accepte tous les décrets de Dieu, il lui est permis de vivre au sein de Dieu – à savoir, dans une communauté idéale, comme saint Paul l'a promis dans la *Première Épître aux Corinthiens* : « Un corps a beau avoir plusieurs membres, tous les membres du corps ne font qu'un unique corps, et il en est ainsi du Christ. Car nous avons tous été immergés dans l'unique Esprit pour être un unique corps, Juifs ou Grecs, esclaves ou libres, et on nous a tous fait boire à l'unique Esprit. Et le corps n'est pas un membre unique, mais plusieurs » (XII, 12-14).

Comme nous venons de le voir, le Dieu du judéo-christianisme a un caractère double. D'une part, il punit sévèrement un Homme qui ne lui obéit pas ; d'autre part, il aime et accueille un Homme qui lui est fidèle. Dieu manifeste son amour pour l'Homme dans le temps même où il lui impose des impératifs catégoriques dont la fin est son bonheur, et l'Homme sera finalement obligé d'obéir à ces impératifs. Ainsi s'établit la communauté des Hommes fidèles à Dieu. Ce rapport Dieu-communauté, plus précisément le rapport Dieu-Homme, ne se reflète-t-il pas dans l'image du Panopticon ? En effet, Foucault écrit, à propos du détenu d'une prison panoptique : « Il inscrit en soi le rapport de pouvoir dans lequel il joue simultanément les deux rôles ; il devient le principe de son assujettissement. » Cette formule de Foucault ne définit-elle pas aussi l'Homme qui a su intérioriser le contrôle du surmoi ?

On pourrait affirmer dans ce sens que le détenu du Panopticon est l'image fidèle de l'Homme adulte selon Freud. Le *Deus absconditus,* devenu surveillant du Panopticon, est finalement transposé dans le surmoi freudien. Le panoptisme expliqué par Michel Foucault ne représente qu'une étape dans la transition du *Deus absconditus* vers le surmoi intériorisé par l'Homme.

Du principe panoptique II : la mission Iwakura

Il me faut d'abord préciser ici l'affirmation inexacte de Terunobu Fujimori qui identifie, comme je l'ai fait moi-même un peu trop rapidement dans mon chapitre précédent, le système carcéral panoptique et le système pennsylvanien. Celui-ci consiste en un emprisonnement solitaire dans une cellule avec fenêtre mais qui n'est pas nécessairement panoptique.

C'est en effet dès 1786 que la Pennsylvanie abolit la peine de mort, la mutilation et le fouet, notamment grâce à l'influence des Quakers ; dans la prison de Walnut-Street, à Philadelphie, elle substitue, aux châtiments physiques l'emprisonnement dans des cellules solitaires. Le système pensylvanien a donc à l'origine un but humanitaire, mais il se révéla rapidement désastreux : coupés de toute communication, les prisonniers tombaient dans un état de dépérissement si manifeste (ils se suicidaient ou devenaient fous) que les gardiens eux-mêmes en furent frappés. Le modèle cellulaire dut être quelque peu modifié : « En laissant les condamnés dans leurs cellules pendant la nuit, et en les faisant travailler pendant le jour, dans des ateliers communs, au milieu d'un silence absolu », précise Maurice Block dans son *Dictionnaire général de la politique*[1].

Revenons maintenant sur la manière dont le Panopticon, qui s'est diffusé sur tout le globe, a été importé et s'est imposé dans le Japon moderne : faut-il y voir une relation directe avec l'établissement d'un nouveau régime politique à l'avènement de l'ère Meiji ?

Peu après le changement de régime en 1868, le Japon envoya en 1871 aux États-Unis et en Europe une délégation composée d'une cinquantaine de personnes, ayant à sa tête l'ambassadeur extraordinaire et plénipotentiaire Tomomi Iwakura et quelques nouveaux dirigeants du pays. Le plus âgé, l'ambassadeur, avait 46 ans – leur âge moyen était de 30 ans. Parmi les 59 étudiants désireux de faire leurs études à l'étranger qui partirent avec la délégation, le plus célèbre était le futur traducteur du *Contrat social* en japonais, Tokusuke Nakaé, plus connu sous son nom de plume : Chômin. Le but était de visiter les États étrangers liés diplomatiquement au Japon, et de préparer le terrain pour modifier les traités inégaux conclus avec les puissances occidentales.

Un autre objectif, non moins urgent, consistait à mener des enquêtes sur les institutions, les entreprises, les usines et les cultures de ces pays. Partie de Yokohama le 23 décembre 1871, la délégation rentra après un an et dix mois, le 13 septembre 1873. Douze États au total avaient été visités : les États-Unis, l'Angleterre, la France, la Belgique, la Hollande, l'Allemagne, la Russie, le Danemark, la Suède, l'Italie, l'Autriche et la Suisse. Iwakura voulait également visiter l'Espagne et le Portugal,

1. Maurice Block, *Dictionnaire général de la politique* (éd. 1874, nouveau tirage), O. Lorenz, 1880, t. II, p. 684.

mais dut y renoncer en raison du retard considérable déjà pris.

De retour au Japon, le chroniqueur de la délégation publia aux éditions Hakubun-sha en octobre 1878 son *Reportage sur une tournée aux États-Unis et en Europe,* qui ne comptait pas moins de 100 parties, divisées en cinq volumes. Ce fils d'un samouraï de Kyûshû, ancien étudiant à l'école du shogunat d'Édo (l'actuelle Tôkyô), fut d'abord nommé historiographe du gouvernement puis professeur à la Faculté des lettres de l'Université impériale de Tôkyô. Destitué de ce poste pour avoir voulu étudier scientifiquement le shintoïsme, religion traditionnelle du Japon, il devint ensuite professeur de l'Université privée Waséda. Le reportage de Kumé a une valeur de premier ordre : à la fois historique et littéraire, scrutateur et attentif, vivant et dynamique, il témoigne d'une curiosité intellectuelle intarissable.

Il permet de suivre le chemin qu'a fait le principe panoptique dans les esprits des représentants japonais au cours de la mission Iwakura. Elle a commencé son périple par San Francisco, Chicago et Philadelphie, où elle visita diverses usines et fabriques, la bibliothèque, le musée, l'Hôtel de la Monnaie, l'Université, le parc de Fairmont, le Parlement, l'atelier de locomotives et, enfin la prison – la prison panoptique.

Kumé nous dit que deux importants portails fermaient le bâtiment, célèbre pour son architecture, et le décrit en ces termes : « La prison se trouve au milieu d'un campus. Elle est construite en pierre taillée. Elle a deux étages, mesure plusieurs dizaines de kens (1 ken équivaut à 1,82 m). Sept parties trapézoïdales convergent vers le centre comme les rayons d'un soleil. La pièce centrale, assez large, contient le poste de surveillance des geôliers. Un seul peut inspecter simultanément les sept parties. Chaque partie est traversée en son milieu par un large couloir radial, à gauche et à droite duquel sont réparties les cellules. Chaque criminel est séquestré dans une cellule, fermée par une porte de fer. »[1] Les prisonniers sont obligés de travailler, ils fabriquent, par exemple, des chaussures et des tapis. Bien que la prison de Philadelphie fût heptagonale, et non hexagonale comme le Panopticon de Paris – la Prison modèle de la rue de la Roquette –, elle n'en présente pas moins toutes les caractéristiques du modèle panoptique, et elle constitua la première rencontre des Japonais avec ce principe fascinant.

La mission Iwakura aborde ensuite l'Angleterre. Après Londres et Liverpool, elle arrive à Manchester, où elle s'intéresse tout particulièrement à la fabrication du verre et du fer, puis elle se rend au tribunal et à la prison attenante. C'est un édifice de vaste dimension, dont le mur de briques, hérissé de clous d'environ 10 cm, mesure 6 m de haut ; au centre se trouve une grande porte, dans laquelle a été aménagée une autre plus petite, permettant l'entrée et la sortie de deux personnes au plus. Dans l'enceinte, un bâtiment destiné au bureau des geôliers ; à côté, une gigantesque cheminée à double conduit, l'un évacuant la fumée, l'autre aérant la prison. « La prison de Manchester est l'imitation de la prison américaine », écrit Kumé, à quelques différences près, qu'il détaille.

Par Douvres et Calais, la mission gagne Paris, qui se remet à peine des troubles de la Commune. Arrivée à la

1. Kunitaké Kumé, *Reportage sur une tournée aux États-Unis et en Europe (Bei-Ô kairan jikki),* éd. Akira Tanaka, Iwanami-shoten, « Iwanami bunko », 1992. t. 1, p. 332.

nuit tombante, la mission est d'autant plus émerveillée par cette ville illuminée de lampes à gaz qu'elle vient de quitter « la fumée et la brume toutes noires » de Londres. « Tout le monde marche si rapidement, note Kumé, que les talons ne touchent pas le sol. »[1] De fait, l'équipe fut impressionnée par tout ce qu'elle vit à Paris, la fabrique des Gobelins, une usine de chocolat, l'Observatoire... Suit la visite du Palais de Justice et une grande prison : « Son architecture ressemble à celle de Manchester : elle comporte deux paliers, et à chaque niveau sept parties qui convergent vers le centre, assorti d'une tour de deux étages. Au sommet de cette tour est aménagée une chaire de prédication, et à tous les étages des bancs sont disposés devant les cellules afin que les prisonniers puissent écouter les sermons. » Kumé ajoute que le temps de détention y est inférieur à un an et que les condamnés à mort n'y sont jamais affectés. Tous sont obligés de travailler : certains cousent des habits, d'autres fabriquent des chaussures ou confectionnent des allumettes ou des sculptures. Une moitié de leur salaire est perçue par le gouvernement, l'autre leur appartient. Les 1 100 détenus ont droit à un bain mensuel, les baignoires sont très propres. Il y a aussi une bibliothèque et des salles de lecture. Le budget annuel de la prison est de 8 millions de francs.

L'auteur nomme cet établissement la prison des « rasan » ; ce doit être une mauvaise transcription de « larcins », car il ajoute qu'elle est « la plus grande prison de Paris » avec une superficie de 25 000 m². Deux estampes

1. *Souvenirs de quatre-vingt-dix ans de la vie du Dr Kumé (Kumé hakushi kyûjû-nen kaiko-roku).* Cité par Akira Tanaka dans son *Éclaircissement* au troisième volume du *Reportage, ibid.*, III, p. 391-392.

illustrent sa description du tribunal et de la prison, représentant le Palais de Justice et la Conciergerie. Mais la prison qu'il a visitée n'est certainement pas la Conciergerie, que Jules Simon, six ans avant la visite de Kumé, décrivait bien différemment comme la dernière de toutes les prisons historiques de Paris[1] et dont le plan dans *Paris et ses environs* de Bædeker (14e éd., 1900)[2] n'est point conforme à celui tracé par Kumé. S'agirait-il de la prison de la Roquette ? Pas davantage : le Dépôt des condamnés, construit en hexagone en 1836 et remplaçant la vieille prison de la Roquette, ne reçoit, d'après Simon, que les « condamnés à la réclusion ou aux travaux forcés jusqu'au moment de leur départ pour les maisons centrales ou le bagne » et « les condamnés à mort ».

Cependant, il se trouvait bien à Paris une prison qui punissait les « larcins » : Mazas, dont Simon écrit qu'elle contenait « des prévenus et condamnés à moins d'un an d'emprisonnement »[3]. Cette prison couramment appelée Mazas, du nom du boulevard Mazas où elle se trouvait (l'actuel boulevard Diderot), fut commencée en 1841, achevée en 1850 et démolie en 1898. Il n'est pas sans intérêt de rappeler ici les terrifiants souvenirs de Jules Vallès, compromis dans un complot contre l'empereur Napoléon III et incarcéré à la maison d'arrêt cellulaire Mazas à laquelle, écrit-il, « bien des captifs (...) auraient préféré le cachot de Latude à la Bastille... ». Selon Vallès, Mazas, prison prétendument « humanitaire », n'est rien d'autre que

1. Jules Simon, « Les prisons de Paris », in *Paris. Guide par les principaux écrivains et artistes de France* (seconde partie : « La vie »), Librairie internationale, 1867, p. 1875.

2. Karl Bædaker, *Paris et ses environs,* Ollendorf, 1900, p. 222.

3. *Paris. Guide..., op. cit.*

l'infâme complice de ce « système nouveau » qui « met l'homme à nu »[1].

Ainsi, de Philadelphie à Paris en passant par Manchester, la délégation japonaise a pu découvrir les avantages – d'un strict point de vue pénitencier – du système panoptique. Dès lors, on ne doit pas s'étonner de le retrouver au Japon dans la seconde moitié du XIXe siècle : le gouvernement impérial nouvellement formé, en quête de structures « modernes », a tout simplement adopté le système euro-américain.

Cependant – et je me posais déjà la question dans mon dernier article – pourquoi donc le Panopticon japonais, communément appelé Pachinko, avait-il la forme de la lettre K ? La réponse peut être fournie par la géométrie selon Shinya Ida, mon collègue comparatiste : le K n'est rien d'autre que la résultante de l'amputation de moitié d'un cercle, divisé par six rayons divergents. Le Panopticon de la Roquette avait la forme de deux K, collés dont les pointes des rayons étaient reliées entre elles pour former un bâtiment hexagonal. Le gouvernement japonais n'a-t-il donné que la moitié du budget nécessaire pour la construction de sa prison panoptique ? De l'ère Meiji à nos jours, le gouvernement japonais réduit toujours les investissements publics...

Jusqu'au changement de Meiji, le Japon était régi par deux centres de pouvoir : l' « empereur religieux » et l' « empereur laïque », pour emprunter les termes de l'article « Japon » du chevalier de Jaucourt dans le tome VIII de l'*Encyclopédie* (1765). L'un était le *tennô* demeurant à Miyako (l'actuelle Kyôto), l'autre le *shogun* habitant à Édo (Tôkyô de

1. Jules Vallès, *Le tableau de Paris,* in *OC,* t. III, Livre du club Diderot, 1969, p. 826.

nos jours). Mais, avec le changement de Meiji, l'empereur acquit un plein pouvoir, au détriment des seigneurs féodaux, et tous les citoyens japonais furent directement assujettis au pouvoir impérial. Cette relation directe entre l'empereur et le peuple est exactement transposée dans le modèle panoptique entre prisonnier et gardien.

À ceux qui trouveraient mon hypothèse hasardeuse, je préciserai que dans les prisons à l'époque Édo, régie par l'autorité shogunale, on avait introduit, conformément à la stricte observance de la hiérarchie sociale alors érigée en règle absolue, de très sévères distinctions entre classes sociales et entre sexes. Les cellules communautaires destinées aux gens du peuple étaient dominées par un patron choisi parmi les prisonniers, par l'intermédiaire duquel le gardien distribuait ses ordres, et les cellules jouissaient d'une relative autonomie vis-à-vis du geôlier, représentant du pouvoir politique, à l'image de la seigneurerie féodale vis-à-vis du shogunat.

Le patron-intermédiaire jouait le rôle de seigneur *(daimyô)* dans son domaine. Avec la construction du Panopticon, le système impérial combiné à la structure d'un État moderne au sens européen du terme est arrivé à éliminer l'intermédiaire entre prisonniers et geôlier comme le pouvoir interposé des *daimyô* entre le peuple et l'empereur.

L'introduction du Panopticon au Japon parachève en quelque sorte la modernisation des institutions commencée quelques années auparavant, et l'étend ainsi de l'empereur au dernier de ses prisonniers.

Les arts japonais : juxtaposer pour enrichir

Existe-t-il une spécificité de l'art japonais qui le singulariserait par rapport à l'art européen ?

Il est certain qu'à comparer un paysage du peintre japonais Tessaï Tomioka (1836-1924) et un paysage de Paul Cézanne (1839-1906) une différence sensible apparaît tout de suite. Quelle serait cette différence ? Bien qu'il soit toujours délicat de généraliser, on peut remarquer deux constantes propres à leurs cultures respectives. Le tableau de Cézanne *La montagne Sainte-Victoire* (1890-1894) est structuré autour d'un centre – la montagne – qui donne à l'ensemble du paysage son équilibre et sa perspective. Dans le tableau de Tessaï *La rivière et la montagne aux ermites* (1910), on ne peut pas parler d'un centre unique. C'est au contraire la juxtaposition de plusieurs lieux, des cimes, des cours d'eau, des bois, des pavillons et des ermites, qui procure au paysage sa structure et son relief. Cette caractéristique est profondément ancrée dans l'esprit japonais. Mais, avant d'approfondir ce problème, je voudrais rappeler la nature des relations entre le Japon et l'étranger.

Bien que l'archipel nippon soit séparé du continent chinois et de la presqu'île coréenne, ou plutôt à cause de cette séparation géographique, le Japon a toujours été curieux de cultures étrangères, de cultures d'outre-mer. Le Japon a importé l'écriture chinoise et le bouddhisme *via* la Corée. Autrefois, on pensait que le shintoïsme était autochtone, mais selon Mitsuji Fukunaga, spécialiste du taoïsme, il semble lui-même venir de l'ancien taoïsme chinois[1].

De l'antiquité au moyen âge, la coexistence des écoles religieuses fut assurée par le fait qu'aucune ne prétendit à un droit de suprématie, toutes revendiquèrent une tolérance partagée et réciproque. Un des spécialistes de l'histoire du bouddhisme au Japon, Masayuki Taïra, signale un fait très curieux. En Europe, lorsqu'une secte évolue hors du cadre officiel, elle revendique alors sa liberté de pensée. Au Japon, c'est le contraire. La secte nouvelle conteste la liberté de conscience des écoles existantes ; tel fut le cas de la secte de Hônen qui, au nom de son authenticité, voulait exclure toutes les autres.

D'après Taïra, il existait au Japon, dans l'antiquité et au moyen âge, huit sectes bouddhistes, toutes reconnues par l'État, qui avaient érigé en principe « la pluralité des valeurs ». Ce principe était partagé non seulement à l'intérieur du bouddhisme mais aussi par le shintoïsme et le confucianisme, bien que ce ne soit pas une religion à proprement parler. Ces trois doctrines croyaient participer à part égale à la vérité absolue. Taïra en explique la raison ainsi : « Les Japonais ont longtemps pensé qu'existaient dans le monde des personnes intelligentes et des imbéciles, des bons et des méchants – bref, des individus variés. C'est pourquoi les religions, dont le rôle est de guider les gens

1. Mitsuji Fukunaga, « Le shintoïsme dans l'antiquité japonaise et la pensée religieuse chinoise », « L'histoire de l'antiquité japonaise et le taoïsme chinois », *Le taoïsme et la culture japonaise*, Kyoto, Jinbun-shoin, 1992.

vers le salut, devaient être multipliées afin de se conformer à cette diversité. Considérer sa propre école comme absolue est ce qu'il y a de plus redoutable, puisque cette attitude monomaniaque ne peut envelopper la variété de la population, et que l'exclusion laisserait trop de gens en dehors de la voie du salut. »[1]

Voltaire, en défenseur acharné de la tolérance, décrit de façon fort admirative dans son *Essai sur les mœurs* la pluralité des sectes religieuses du Japon et dans les pays d'Asie orientale. Se fondant sur les observations d'Engelbert Kaempfer, « ce véridique et savant voyageur », il écrit, dans cet ouvrage : « La liberté de conscience était établie dans ce pays aussi bien que dans tout le reste de l'Orient. Le Japon était partagé en plusieurs sectes, quoique sous un roi pontife ; mais toutes les sectes se réunissaient dans les mêmes principes de morale. »[2] Ou encore : « La liberté de conscience (...) avait toujours été accordée au Japon, ainsi que dans presque tout le reste de l'Asie. Plusieurs religions étrangères s'étaient paisiblement introduites au Japon. »[3]

Ainsi, au XVIe siècle, quand les missionnaires portugais sont arrivés au Japon, toutes les sectes bouddhistes et shintoïstes coexistaient paisiblement. Mais, lorsque les jésuites portugais voulurent imposer leur religion, le gouvernement japonais les expulsa et décida de ne plus entretenir de relations avec l'Occident que strictement commerciales, et ce par l'intermédiaire des Hollandais, sachant que l'État pro-

1. Masayuki Taïra, « La pluralité des valeurs, une constante de la mentalité japonaise », *L'infini* (Mugendai), IMB Japan, mars 1993.

2. Voltaire, *Essais sur les mœurs*, Garnier, « Classiques Garnier », t. II, 1963, p. 314.

3. *Ibid.*, p. 315.

testant, lui, n'avait pas l'intention d'évangéliser le pays. Dès le début du XVIIe siècle, le Japon ferma donc ses portes à l'étranger, à l'exception de la Chine et de la Hollande, mais cette période fit exception.

Dans la seconde moitié du XIXe siècle, après deux siècles et demi d'isolement, le Japon rouvrit ses ports. L'ouverture aux civilisations étrangères, la tolérance et la juxtaposition d'éléments culturels divers restent ainsi la caractéristique et une tendance fort marquée au Japon, si l'on excepte l'époque ultranationaliste de la Seconde Guerre mondiale.

La pluralité se constate dans le domaine religieux, mais est aussi artistique, voire culinaire.

Penchons-nous sur le *bentô,* le « panier-repas » japonais. C'est une boîte divisée en différents compartiments dans lesquels se trouvent poisson, viande, légumes, légumes saumurés pour accompagner le riz, et dessert. On y apprécie tout d'abord visuellement le goût avec lequel il est arrangé et ses coloris. L'ordre dans lequel il doit être mangé n'est pas fixé ; on peut commencer par ce que l'on préfère, selon l'humeur du jour.

Chaque compartiment coexiste paisiblement avec l'autre, comme les écoles religieuses au Japon.

Il en va de même dans la musique japonaise. Selon Pierre Devaux, qui en est un spécialiste, la musique japonaise traditionnelle ne peut se concevoir sans une gestuelle des danseurs et des musiciens. Ici, l'art visuel coexiste harmonieusement avec l'art sonore dans la relation que le musicien entretient avec le danseur, mais aussi dans le rôle du musicien lui-même, comme dans l'association de la parole et de l'action. Aussi Devaux constate-t-il qu' « on ne peut à aucun moment appliquer au Japon ce que Rousseau dit de l'Occident : *aujourd'hui que les instruments sont plus importants que la voix* »[1].

La musique japonaise n'occupe jamais un espace purement harmonique ni ne suscite un univers clos et absolu, elle est toujours « au contact permanent d'autres éléments comme le bruit (et notamment les bruits de la nature), la parole ou le geste ; en cela on pourrait dire qu'elle procède d'une nature ouverte »[2]. Devaux montre le contraste entre l'évolution de l'opéra français et celle du *kabuki*. Il affirme : « La conception de l'opéra se dégage peu à peu au prix de luttes et d'exclusions dont témoignent les "querelles" entre lullistes et ramistes, ramistes et italianisants, glückistes et piccinistes, chaque "goût" signifiant à terme la disparition de celui qu'il détrône. »[3] On peut constater un phénomène contraire au Japon : « Parti des mêmes principes, continue Devaux, le *kabuki* a cultivé au contraire l'association des formes, recourant selon le cas à la récitation expressive du *gidayûbushi* au style plus coulé du *tokiwazu,* ou à l'ampleur lyrique du *nagauta* »[4] (le *gidayûbushi* est une récitation accompagnée par un instrument à cordes appelé *shamisen,* dont le *tokiwazu* et *nagauta* sont deux variantes). Devaux conclut de manière très intéressante : « La musique japonaise a (...) cultivé la juxtaposition de systèmes différents, et les échelles d'origine chinoise et japonaise ont vécu, comme les religions, en coexistence pacifique. »[5]

1. « Remarques sur l'évolution musicale au Japon et en France au XVIIIe siècle », *Diderot. Le XVIIIe siècle en Europe et au Japon,* Nagoya, Centre Kawai pour la culture et la pédagogie, 1988, p. 256.
2. *Ibid.*, p. 257.
3. *Ibid.*, p. 261.
4. *Ibid.*
5. *Ibid.*, p. 262.

Le second exemple que je voudrais souligner comme typiquement japonais est l'art de l'encens. Cet art s'appelle en japonais *kôdô,* terme qui peut être traduit littéralement par « la voie de l'encens ». Cet art se pratique sous la forme d'une cérémonie tout comme la cérémonie du thé *(sadô)* ou l'arrangement floral *(kadô).* Cet art de l'encens cherche non seulement la perfection artistique mais aussi une sorte de spiritualité quasi religieuse, que signifie le terme de « voie » : on parle ainsi de la voie de l'encens, quand dans la voie du thé, la voie des fleurs, etc., la « voie » désigne le chemin qui doit nous mener à l'état absolu de l'éveil.

Au XVIIIe siècle, époque où, au Japon, ces cérémonies de l'encens sont très pratiquées et où l'Europe utilise le parfum pour dissimuler les mauvaises odeurs, dans le tome VI de l'*Encyclopédie* de Diderot, publié en 1758, on peut trouver une entrée : « Parfum (littérature) », et une autre entrée : « Parfum (critique sacrée) ». Dans le premier article rédigé par le chevalier de Jaucourt, sont citées des paroles d'Euripide, d'Antoine et d'Anacréon ; dans le second, du même auteur, il est question des usages sacrés et profanes du parfum chez les Juifs antiques ainsi que chez les Orientaux, mais rien de plus. À la même époque au Japon, l'art de l'encens était cependant pratiqué non seulement chez les nobles de la cour impériale, mais aussi dans la bourgeoisie, selon des règles déjà très sophistiquées.

Un jeu appelé *kumikô* (parfums croisés) illustre cet art. On lit tout d'abord un poème, *waka,* par exemple celui-ci : « Parti de la capitale (Kyôtô) avec une brume printanière, mais le vent d'automne se lève déjà à la barrière de Shirakawa », composé par un bonze en pèlerinage qui avait atteint la frontière de la province de Shirakawa, située dans le nord du Japon. De ce poème on extrait trois images importantes : la brume printanière de la capitale, le vent de l'automne et la barrière de Shirakawa, et l'on donne d'abord à écouter à chaque participant les trois encens associés à ces images, dans l'ordre du poème. On se sert du terme « écouter » le parfum au lieu de « sentir », le parfum étant ici considéré comme une musique de l'odorat. Chaque participant doit s'efforcer de mémoriser ces parfums, et leur association. Ils lui seront à nouveau présentés mais dans le désordre, il devra les reconnaître et aura des notes en fonction de sa performance.

S'il parvient à deviner tous les parfums, il obtient la note « vous avez passé la barrière de Shirakawa » ; s'il ne parvient à en deviner aucun, il reçoit la note « interdiction de franchir la barrière (de Shirakawa) ». S'il devine le parfum associé à la brume de la capitale, il reçoit la note « le vent du printemps se lève » ; s'il devine « le vent d'automne », la note « les feuilles rouges tombent » ; et s'il reconnaît seulement le parfum de la barrière de Shirakawa, la note « habits de voyages ». Après la cérémonie, la date, l'endroit, le nom des participants, de l'organisateur et du greffier sont reportés sur une feuille de bonne qualité, et cette feuille, sorte de certificat, est donnée à celui qui a obtenu la meilleure note.

Comme d'autres arts japonais traditionnels, la « voie de l'encens », qui commença au XVe siècle, compte beaucoup d'écoles. L'école prédominante était celle qui se tenait à la cour impériale de Kyôtô. Son art s'est conservé et a été transmis par la famille aristocratique Sanjônishi, si bien que cette école est connue depuis toujours sous le nom de Oiéryû (école de la famille), c'est-à-dire école de la famille Sanjônishi. On peut encore participer de nos jours à des cérémonies de l'encens organisées par le maître Gyôun

Sanjônishi, 22e du nom, héritier de Oieryû. Cette école a ainsi perpétué jusqu'à nos jours, soit sur plus de quatre cents ans, la voie de l'encens.

Dans cette juxtaposition très harmonieuse des images de la poésie courte et de diverses senteurs de bois odorant, deux systèmes, des lettres et des parfums, coexistent, s'enrichissent de leur rencontre et s'unissent sans jamais fusionner.

Chaque art est ainsi une combinaison de différentes pratiques artistiques, poésie, chant, encens... Ces différentes pratiques sont des systèmes organisés en eux-mêmes mais qui ne trouvent à s'exprimer complètement qu'en prêtant concours à une autre pratique artistique. Comme je viens de le montrer, ni dans la musique ni dans l'art de l'encens, un élément qui fait partie de l'ensemble de chaque art ne se prétend jamais le maître absolu des autres. Tous coexistent paisiblement et chacun veut collaborer avec l'autre, et concourir à l'entretien et à l'enrichissement de l'ensemble. En Europe en revanche, un élément artistique a toujours cherché à faire valoir sur les autres sa supériorité. Si c'est par cette attitude que les Européens sont parvenus à créer des œuvres d'art parfaitement structurées, on est en droit de se demander si c'est là la seule forme d'expression artistique du genre humain.

La juxtaposition harmonieuse de différents éléments hétérogènes en laquelle consiste la caractéristique de l'art japonais a été longtemps ignorée des Européens ; je suis convaincu qu'elle deviendra une nouvelle source d'inspiration pour les arts du monde dans le prochain millénaire.

Le nu tout nu et le nu caché

Pour conclure ces réflexions comparatistes, je voudrais méditer sur le problème du nu tel qu'il se pose tout à la fois en France, et plus généralement en Europe, et au Japon. Je me limiterai à la période d'Édo[1], car en ce qui concerne le Japon, avec l'occidentalisation qui vit le jour à l'ère Meiji, c'est-à-dire à partir de 1868, l'art japonais a été grandement influencé par la peinture, la sculpture et la photographie européennes. Malgré ces changements superficiels, insistons sur le fait qu'il est toujours resté, en dépit de tout, une constante propre à l'esthétique japonaise. Or, si je veux m'attacher à analyser ce courant persistant, il me semble que ma démonstration sera plus claire en restant circonscrite à l'époque d'Édo.

Avant d'aborder notre réflexion sur le nu du point de vue philosophique et esthétique, permettez-moi de commencer par un petit épisode personnel. En 1983, je me trouvais à Cerisy-la-Salle pour participer à un colloque sur Diderot organisé par Jacques Proust. Au cours de cette rencontre scientifique et à l'occasion d'une communication

1. On appelle la période d'Édo celle qui se situe entre 1603 et 1767, du fait même que le shogunat des Tokugawa se trouvait à Édo, actuelle Tôkyô.

portant sur le langage gestuel chez le philosophe, l'intervenant allemand nous montra une estampe du XVIIIe siècle représentant un homme en colère, levant les bras et serrant les poings, pour affirmer qu'un geste, compréhensible par tous, est un langage universel. Après cet exposé, je pris la parole pour énoncer une opinion contraire : le langage des gestes n'est pas universel mais diffère selon les civilisations. Pour ce faire, je m'appuyai sur l'exemple d'une estampe japonaise.

En effet, avant d'arriver à Cerisy, j'avais passé quelques jours à Paris. Là, par un pur hasard, une amie française m'avait demandé de lui résumer l'intrigue d'un roman japonais illustré qui datait du milieu du XVIIIe siècle. Elle avait en effet acheté ce livre sans connaître le japonais, simplement parce qu'elle avait été fascinée par la beauté des images. Il s'agissait, en l'occurrence, d'une histoire d'adultère. Le jeune patron d'une grande maison de négoce souffrait d'une maladie du poumon. Sa jeune femme en profitait pour avoir une liaison avec le premier commis, lequel ambitionnait de prendre la direction de la maison après la mort de son maître. Tandis qu'ils s'entretenaient tous deux, le jeune marchand malade, qui se trouvait dans une pièce voisine, les écoutait. Puis, il entra dans le magasin et leur adressa son bonjour. En regard de cette page, une illustration montrait le patron, le visage souriant, plein de sérénité. Cela dit, si l'on portait davantage attention au dessin, le bas de son kimono entrouvert laissait voir son gros orteil contracté à l'extrême, manifestant son véritable sentiment, c'est-à-dire sa colère.

Déjà au début du XVIe siècle, lorsque les missionnaires portugais débarquèrent au Japon avec François-Xavier, l'écart entre l'apparence et le sentiment intérieur, habituel chez les Japonais, ne laissait pas de les étonner. En effet, on peut lire les remarques les plus intéressantes sur le sujet dans *Mémoires sur le Japon* écrit en 1585 par un jésuite, Luis Frois, qui avait déjà passé vingt-deux ans sur l'archipel nippon. Il écrit, par exemple : « Nous [les Européens] exprimons très clairement le sentiment de colère et retenons à peine notre emportement, mais eux [les Japonais] ont une façon particulière de contenir leurs sentiments violents. Ils sont fort réservés et discrets. » Ou : « Chez nous, les salutations se font en montrant un visage posé et sérieux tandis que chez les Japonais elles se font toujours et sans faute avec un faux sourire. » Or ce « faux sourire », qui sera vu comme malhonnête en Europe, était, dans la société japonaise au contraire, « de bon ton et noble ».

L'attitude du commerçant malade découvrant la liaison illicite de sa femme avec son employé servira d'illustration adéquate à cette observation d'un disciple de la Compagnie de Jésus. Notons bien que cette accusation d'hypocrisie émanant d'un Européen ne sera jamais partagée des Japonais, car au XVIe siècle ainsi qu'à l'époque d'Édo l'expression trop directe d'un sentiment est jugée brutale et vulgaire. Aux yeux des Occidentaux, en revanche, la vérité doit toujours transparaître, même si en réalité elle est souvent voilée, voire masquée, même si la conduite d'Alceste n'est pas toujours bien acceptée dans la société mondaine. En Europe règne sinon la transparence, du moins la volonté de transparence.

Contemporain du patron de la grande maison de commerce à Édo, le jeune citoyen de Genève ne déclare-t-il pas en effet dans son *Discours sur les sciences et les arts,* publié en 1750, comme suit : « Qu'il serait doux de vivre parmi nous, si la contenance extérieure était toujours l'image des dispositions du cœur » ? Rousseau dénonce ici, par opposition, l'écart, d'ailleurs regrettable – hypocrite, dira-t-on –, de l'être et du paraître chez les Européens. D'ailleurs, il ne tarde pas à ajouter quelques lignes plus bas que « l'homme de bien est un athlète qui se plaît à combattre nu : il méprise tous ces vils ornements... ». Selon lui, ce qu'il y a de véridique doit se montrer tout nu, s'ôtant toute parure. La vérité, c'est d'être dévoilé, d'être non caché, *aléthés,* d'être nu. Cette aspiration à la limpidité n'est pas seulement celle de l'auteur du *Discours sur les sciences et les arts*.

Souvenons-nous de l'illustration sur le frontispice du tome I de l'*Encyclopédie,* publié en 1751. Cette estampe, gravée par Benoît-Louis Prévost d'après Charles-Nicolas Cochin, représente la déesse de la Vérité : elle se trouve voilée, juste au-dessous de nuages noirs qui fuient devant sa lumière. Tandis que la Raison ôte le voile qui lui couvrait l'épaule, la Philosophie détache celui qui protégeait son bassin. La Vérité, c'est donc la nudité ; et c'est ainsi qu'elle se doit d'être représentée en Occident.

Une déesse peut se montrer nue, soit. Mais il n'en va de même pour les simples mortels, empreints de pudeur. Max Scheler l'a bien fait remarquer dans son livre *Sur la honte et le sentiment de pudeur* (*Über Scham und Schamgefühl,* 1933). Dieu ne connaît pas la honte, les bêtes non plus. Seul l'être humain doit avoir honte. Comme le mythe de la chute de l'homme de la Genèse le raconte, Adam et Ève avaient le droit de voir, de sentir et de se comporter comme Dieu, en tant que créatures créées « à Son image », jusqu'au moment où ils goûtèrent au fruit défendu. Cette expérience les écarta du créateur et ils se retrouvèrent d'un seul coup du côté des animaux. D'après la Genèse, « leurs yeux à tous deux s'ouvrirent et ils surent qu'ils étaient nus. Ayant cousu des feuilles de figuier, ils s'en firent des pagnes » (La Bible, traduction œcuménique ; Gn, 3, 7). Les Occidentaux descendant du couple Adam et Ève expliquent ainsi l'origine du sentiment de pudeur. C'est un sentiment spécifique de l'être humain existant entre d'une part Dieu et de l'autre l'animal. On peut aussi user d'une expression de Scheler : l'homme est le « pont » entre deux ordres, le divin et l'animal, si bien que, depuis sa chute, il ne peut aller nu sans éprouver de honte.

Dans cette perspective, l'être humain qui se dénude de sa propre initiative est animé de la volonté de rompre avec l'ordre d'en haut. La nudité montre la libération de l'humanité aux dépens de la décence. Au détriment de cette affection, l'homme réhabilite sa propre liberté. Pour être plus concrets, regardons la première figure. C'est un tableau de François Boucher, le premier peintre du roi. Ce tableau est intitulé *Femme nue couchée sur un sofa*. On l'appelle ordinairement *L'Odalisque brune*. Diderot écrit, dans son *Salon de 1767* : « N'avons-nous pas vu au Salon, il y a sept à huit ans, une femme toute nue, étendue sur des oreillers, jambes deçà, jambes delà, offrant la tête la plus voluptueuse, le plus beau dos, les plus belles fesses, invitant au plaisir, et y invitant par l'attitude, la plus facile, la plus commode, à ce qu'on dit même la plus naturelle, ou du moins la plus avantageuse ? » Il ajoute même : « Si grâce à ma caducité (...), ce tableau était innocent pour [moi], il était très propre à envoyer mon fils, au sortir de l'Académie, dans la rue Fromenteau qui n'en est pas loin et de là chez Louis ou chez Keyzer » (des maisons closes, bien entendu). Il est amusant de lire dans ces quelques lignes l'embarras de Diderot qui avait à cette époque 53 ans ; déchiré entre deux ordres, l'ordre charnel et l'ordre divin, le philosophe athée est à la fois fasciné par le tableau et quelque peu rétif à cette inclination, ne pouvant échapper à l'emprise

Fig. 1. — François Boucher, *Femme nue couchée sur un sofa*

de la morale chrétienne. Constatons ainsi une forte tension causée dans le for intérieur d'un Européen devant la nudité, ne serait-ce que dans un tableau.

Portons à présent notre regard sur le Japon. Il existe évidemment des tableaux et des estampes représentant des femmes nues, intégralement nues même, en particulier des femmes vues de dos prêtes à entrer au bain. Mais à part ces rares exceptions, les femmes montrées dans les tableaux sont toujours vêtues, quitte à laisser voir un petit morceau de leur anatomie. Avant de regarder quelques représentations, réfléchissons un peu sur le statut de la nudité au Japon. Au début du XVIIIe siècle, un grand fonctionnaire du gouvernement shogunal et philosophe d'envergure nommé Hakuséki Araï a critiqué la création du monde et de l'être humain racontée dans la Genèse, après une discussion qu'il avait eue avec un missionnaire italien, Sidotti, arrêté à la suite de tentative de débarquer clandestinement au Japon.

Araï, dans son livre intitulé *Informations sur l'Occident*, rédigé après son interrogatoire du missionnaire, écrit comme suit : « Il [Sidotti] énonce que toutes les choses du monde ne peuvent s'être faites d'elles-mêmes et qu'il y a nécessairement un être qui les créa. Mais si cette affirmation est vraie, de quel créateur Deus a-t-il reçu l'existence, avant que le ciel et la terre n'existent ? Si Deus a pu se produire lui-même, pourquoi le ciel et la terre ne pouvaient-ils en avoir fait autant ? » L'être humain n'a donc pas été créé, ni n'est tombé dans un état de chute à cause d'une quelconque transgression aux commandements d'un Être suprême. L'homme s'est fait naturellement, et se transforme incessamment par la force des choses. Pourquoi aurait-il besoin de montrer ostensiblement son corps dans toute sa nudité, quelle liberté chercherait-il à revendiquer et devant quel dieu ? N'existent au Japon ni le nu comme représentant métaphorique de cette nudité innocente d'Adam et Ève avant la tentation, ni comme symbole de la réhabilitation de l'être humain face à Dieu. La chair et les vêtements du corps humain ne sont que les éléments complémentaires d'un personnage de la vie quotidienne, dans un monde qui est en processus continuel de transformations.

Cela dit, regardons sans plus tarder la courtisane habillée que voici (fig. 2). Il s'agit d'une estampe de Utamaro Kitagawa, grand maître d'estampes *ukyoé* et l'un des artistes les plus populaires du Japon de la seconde moitié du XVIIIe siècle. L'œuvre s'intitule *Nishikiori-Utamarogatashinmoyô Shirouchikaké (Longue robe blanche dans le style d'Utamaro)*. Portons notre attention sur la relation très harmonieuse du vêtement et du corps. En effet, le vêtement n'est pas uniquement esquissé pour lui-même, pour l'intérêt de ses couleurs par exemple, mais bien plutôt pour mettre en relief, par des courbes très concertées, le corps nu de la belle. Notons par exemple la ligne blanc sur blanc qui vient souligner la courbe des fesses du modèle. De son côté, le corps met en valeur le vêtement. Il s'agit bien d'un mouvement réciproque et ce qui est remarquable est justement cette complémentarité de la chair et du vêtement. Tandis que l'habit rend grâce à la beauté de la chair, une partie de la chair met en relief la beauté du kimono. Ce qu'il y a de caractéristique ici, c'est le jeu de la métonymie qui, paradoxalement, montre ce qui ne se montre pas[1].

1. On peut voir en haut du tableau à gauche un rouleau de papier en partie déroulé. Il s'agit d'une épigraphe du peintre, qui dit en substance : Pour peindre la beauté féminine, nul artiste ne m'est supérieur. C'est pourquoi mes honoraires sont très élevés. Mais si l'éditeur me préfère un faiseur bon marché, c'est comme s'il préférait la dernière des putains à une courtisane de tout premier choix.

Fig. 2. — Utumaro Kitagawa,
Nishikiori-Utamarogata-shinmoyô Shirouchikaké
(Longue robe blanche dans le style d'Utamaro)

Mais, dans le cas d'une estampe érotique, quand il s'agit par exemple de l'acte sexuel, comment fera l'artiste, comment montrera-t-il les deux nus ? Regardons s'il vous plaît l'estampe suivante, considérée comme le plus grand chef-d'œuvre d'Utamaro (fig. 3). Est toujours à l'œuvre ici cette complémentarité chair-vêtement dont je viens de parler, de sorte que les corps de l'homme et de la femme, à peine dévoilés, offrent d'autant plus l'image d'une tension érotique. Ici, on ne peut voir ni le visage de l'homme ni celui de la femme tandis qu'ils s'embrassent, ni les détails de leur corps. Mais la main gauche de l'homme comme la main gauche de la femme, par leur crispation, sont tout aussi expressives que l'était le gros orteil dont j'ai parlé tout à l'heure. De plus, ce qui est écrit sur l'éventail participe à l'atmosphère érotique de la scène. On peut y lire en effet le poème burlesque suivant[1] :

Hamaguri ni
Hashi wo shikkato hasamarete
Shigi tachikanuru
Aki no yûgure

Une bécasse s'est fait pincer le bec
Fermement par une clovisse
Et peine à s'envoler.
Un soir d'automne.

Tout passe donc par la suggestion métonymique du dessin et, accessoirement, par celle, métaphorique, du poème. La position même de l'éventail, dont la pointe est subtilement dissimulée, désigne par un procédé métony-

1. Poème travesti inspiré des vers célèbres de Saïgyô (1118-1190).

Fig. 3. — Utamaro Kitagawa,
« Utamakura » Nikaïzashiki
« Source de poème » : chambre au premier étage

mique le centre de convergence de tension érotique de la scène.

Permettez-moi encore de vous montrer une autre estampe représentant deux panneaux de paravent (fig. 4), un peu plus audacieuse, où le jeu des doigts est aussi éloquent, me semble-t-il. Il s'agit de *Hana Fubuki (Pétales tourbillonnantes),* dans laquelle la chasteté outragée d'une femme s'envole, à l'image de pétales de fleurs tournoyant au vent. Il ne faudrait d'ailleurs pas oublier la conversation du couple présente à l'intérieur de l'estampe. Je me garderai de traduire leurs paroles indécentes, mais portons notre attention sur le store de roseaux qui met en avant le caractère secret de cet acte. Pourtant, la dernière parole de la femme : « Comme il fait un peu trop clair, je me sens honteuse », souligne le contraste entre ce qui est caché et donné à voir, entre le voilé et le dévoilé, et ajoute en cela à l'érotisme de la scène. Cette complémentarité ou cette contradiction, chair et vêtement, dissimulé et divulgué, concourent à renforcer de façon sophistiquée l'érotisme des scènes représentées.

Toujours est-il que ce qu'il y a de constant dans les trois estampes que nous venons d'admirer, c'est que les éléments visibles (et audibles) suggèrent le vrai sens de l'estampe, c'est-à-dire la nudité cachée de la courtisane, et celle de l'homme et de la femme – partant de là, les jouissances intérieures du couple. L'art japonais excelle dans l'art de stimuler et d'exciter l'imagination en dissimulant l'objet de désir. Le véritable sens où la vérité toute nue est toujours tue mais toujours latente, comme un focus vide, est le point de concentration du tableau.

Avant de terminer, remarquons que le même procédé se pratique souvent dans la poésie japonaise. Prenons

Fig. 4. — Utamaro Kitagawa,
Hana Fubuki
(Pétales tourbillonnantes)

comme exemple deux haïkus de Matsuo Bashô, poète du XVIIe siècle, considéré comme le plus grand maître du genre. Lisons le premier haïku, composé en 1684, en japonais puis dans la traduction française de Georges Bonneau (*Le Haïku,* 1939).

Kiri-shigure
Fuji wo minu hi zo
Omoshiroki.

Brume et pluie,
Fuji caché ; mais cependant je vais
Content !

Ici, la beauté sublime du mont Fuji est mise en valeur par son absence même, causée par la bruine. La disparition du Fuji, réciproquement, met l'accent sur la pluie du jour. Ce qui est en jeu, c'est l'harmonie complémentaire de deux éléments, l'un visible, l'autre invisible, de sorte que le premier évoque d'autant plus le second.

Lisons à présent le deuxième haïku, composé en 1686 :

Furu-ike ya
Kawazu tobi-komu
Mizu no oto

Sur l'étang mort,
Un bruit de grenouille
Qui plonge.

Dans le premier poème, la pluie faisant écran mettait en relief ce qui n'était pas visible. Dans le second poème, l'audible et le visible qui vont disparaissant se mêlent pour suggérer ce qui n'existe pas – à savoir, le silence, « le silence éternel de ces espaces infinis », dira Pascal ; ce silence n' « effraie » d'ailleurs pas Bashô. Le poète l'apprécie, le pressentant par-delà les ronds et le bruissement de l'eau.

En Europe, la vérité réside en ce qui est dévoilé, c'est l'*aléteia,* tandis qu'au Japon ce qui est le plus important, c'est ce qui est caché. Si bien que le nu n'accédera à sa propre valeur que sous le vêtement. Qu'il est donc incommensurable l'écart qui existe entre ces deux civilisations !

Imprimé en France
par MD Impressions
73, avenue Ronsard, 41100 Vendôme
Octobre 2007 — N° 54 101